经典云南

杨福泉 著

云南出版集团公司
云南教育出版社

活着的象形文字与东巴文化

图书在版编目（CIP）数据

活着的象形文字与东巴文化 / 杨福泉著. —昆明：云南教育出版社，2012.2
（经典云南丛书）
ISBN 978-7-5415-6229-7

Ⅰ.①活… Ⅱ.①杨… Ⅲ.①东巴文–文字–研究②纳西族–民族文化–研究–云南省 Ⅳ.①H257.2②K285.7

中国版本图书馆CIP数据核字(2012)第024882号

书　　名	活着的象形文字与东巴文化
作　　者	杨福泉
策 划 人	李安泰　杨云宝
组 稿 人	吴学云　邹悦悦
出 版 人	李安泰
责任编辑	尚　语
装帧设计	向　炜
责任印制	赵宏斌　张　旸

云南出版集团公司 出版发行
云南教育出版社

昆明市环城西路609号 www.yneph.com

全国新华书店经销
云南新华印刷实业总公司一厂印刷
2012年9月第1版　2012年9月第1次印刷
787毫米×1092毫米　1/32开本　3.25印张　87千字

ISBN 978-7-5415-6229-7
定价 4.80元

总　序

云南，从渺远神秘而又带着蛮荒色彩的"彩云之南"走到今天，一步一个脚印跋涉在中华大地上。

云南山水，多娇诱人。

闻名遐迩的喀斯特地质奇观石林，奇妙无比。

迷人的高原深水湖泊抚仙湖，凝波如玉。

秘境香格里拉的高山草甸，杜鹃如火；巍峨雪山，苍茫古远。

低纬度的明永冰川，从古流到今；高黎贡山的各色鲜花，从冬开到夏。

大理的风花雪月，丽江的小桥流水，版纳的原始森林，腾冲的地热奇景，泸西的阿庐古洞，怒江的东方大峡谷，令人陶醉。

七彩云南，蕴涵的又何止是奇山美水?!

这里，有寒武纪早期生物大爆炸的典型：澄江动物化石群。这里，诞生了中国最古老的人类：元谋人。这里，曾崛起过古滇国、哀牢国、南诏国、大理国。这里，有蜀身毒道、秦五尺道、茶马古道、滇缅公路、驼峰航线。这里，有世界上唯一活着的象形文字"东巴文"。这里，出现了中国第一个海关、第一座水电站、第一条民营铁路。

这里，有与黄埔军校齐名的云南陆军讲武堂。

这里，爆发过反对清王朝统治的重九起义。

这里，在袁世凯复辟帝制时，率先通电全国，举起了护国运动的大旗。这里，举办过名垂青史的西南联大，并爆发了震惊全国的"一二·一"运动。这里，曾经涌现了杨振鸿、张文光、蔡锷、李根源、唐继尧、庾恩旸、刀安仁、杨杰等一个个热血汉子；这里，也曾经孕育出书法家钱南园、医药家兰茂、数学家熊庆来、军事家罗炳辉、哲学家艾思奇、音乐家聂耳、诗人柯仲平、舞蹈家杨丽萍、诗书画三绝的担当大师等文化奇才。

朱德、叶剑英，在这里留下了坚实的足迹；徐霞客、杨慎，在这里留下了自己的千古绝唱。

这里还有神奇的云南白药、剔透如玉的云子、独树一帜的普洱茶。

这里的僰人悬棺、纳西古乐、摩梭走婚、白族三道茶、彝族跳菜等滇人风貌和民族风情，更是诉说不尽。

"经典云南丛书"像一根主线，把散落于三迤大地的粒粒圆润闪亮的珍珠串连起来，呈现于您的眼前，让您清晰地看到云南山水奇观、人文历史和民族风俗的经典篇章，让您在愉快的阅读体验中增加知识、增长见闻、解密未知。

"经典云南丛书"为百科式解读云南的通俗性读物，融知识性、趣味性、探秘性与时代性为一体，以一种新的视角和叙述方式展现云南的独特之美，以满足人们了解云南、探秘云南、遨游云南的愿望，希望我们所做的一切已达到了。

编　者

目 录

一、喜马拉雅深处的古老文明 ……………………………… 1
1. "世界上唯一活着的象形文字" ………………………… 1
2. 东巴象形文有趣的象征意义 …………………………… 6
3. 飘零四海的象形文古卷 ………………………………… 19
4. 写在植物纸上的东巴古籍 ……………………………… 23

二、东巴文化中的艺术世界 ………………………………… 28
1. 竹笔清风 ………………………………………………… 28
2. 木牌古韵 ………………………………………………… 32
3. 布卷画与"神路图" ……………………………………… 37
4. 拙朴的雕塑 ……………………………………………… 42
5. 世上最早的象形文舞谱 ………………………………… 44
6. 与鬼神同舞 ……………………………………………… 47
7. 远山天籁之音 …………………………………………… 50

三、农夫兼神巫 ……………………………………………… 54
1. "人神使者" ……………………………………………… 54
2. 俗世天才 ………………………………………………… 60
3. 东巴教圣地——白地 …………………………………… 65

四、东巴文化的"人与自然"观 …………………………… 72
1. "人和大自然是兄弟" …………………………………… 72
2. 与大自然精灵的对话 …………………………………… 78
3. 东巴与民间的生态保护 ………………………………… 81
4. 生命回归大自然 ………………………………………… 87

一、喜马拉雅深处的古老文明

在云南横断山脉深处，一座座连绵不断的雪峰在对着静寂的长空沉思冥想，中华母亲之河长江的上游金沙江，在千回百折的高山深峡中日夜吟唱着古老、雄壮而神秘的歌。而一个绝无仅有的"象形文古国"，就隐藏在这喜马拉雅边缘地区的万山丛中。

漫漫的岁月中，没有人想到，就是纳西这个如今人口不足三十万的小小民族，在千百年前用一种独特的象形文字创造了一种辉煌的古文明，煌煌数万卷用这种象形文字写成的东巴教经典，在滇西北高原上升起一道举世瞩目的文化彩虹。从19世纪中叶开始，一些西方探险家、学者、传教士贸然闯入这长江上游的雪域，不可思议地发现这个古老的王国竟然是一个拥有浩瀚如海的古代宗教秘籍的"象形文古国"，这个发现轰动了整个西方世界。于是，来自英、美、德、法、俄等国的冒险家和学者们纷纷走进这个喜马拉雅边缘地区的神秘雪域。

凝聚了数十位学者和老东巴二十多年心血的《纳西东巴古籍译注全集》100卷（897册东巴古籍），作为国家"九五"重点出版工程，也成为云南省最大的少数民族古籍出版工程。《纳西东巴古籍译注全集》于1999~2000年正式出版，并在2001年11月荣获第五届国家图书奖（荣誉奖）。2003年10月15日，丽江收藏的东巴古籍被联合国教科文组织列入"世界记忆名录"。

1. "世界上唯一活着的象形文字"

多年的学海泛舟，使笔者对故土那神秘的象形文字和经典不断地有所领悟。纳西族创制的这种象形文字在国内学术界被称为东巴文或东巴象形文，用它写成的古籍被称为"东巴经"或"纳西古籍"，而

近年来陆续发现的纳西族聚居区的"金沙江峡谷崖画群"备受学术界瞩目。这是下虎跳峡中发现的首例崖画,有学者认为这些反映狩猎等内容的崖画与东巴象形文有联系(摄于1992年)

在国外多称为"纳西象形文"和"纳西手写本"。在纳西语中,这种象形文字称为"斯究鲁究",意思是"木石上的痕记"或"木与石的记录"。以木与石这两种自然物指称一种文字,有着它的独特内涵。

集绘画和象形文字于一体的"木牌画"是东巴教绘画中最为古老的一种,其历史可以追溯到古羌人远在汉代时以木牌插地祭祀的宗教习俗。① 近年来,在作为东巴象形文产生和繁荣之地的金沙江流域,发现了很多崖画群,这些绘于岩石和木头上的画与称为"木石上的痕记"的东巴象形文之间有没有一种内在的联系,成了有待学者们不断

---

① 参看汪宁生:《纳西族源于羌人之新证》,载《思想战线》,1981年第5期。

地去破译的千古之谜。

这些图画象形文字，与那些刻在一块石头上而学者们苦苦破译了多少年的埃及罗塞塔碑上的象形文字有相同之处，又有不同之处；它亦完全不同于仅存三种古抄本的中美州玛雅象形文字；它也不同于苏美尔人的文字体系——楔形文字；它与镌刻在成堆龟甲兽骨上的中国商周时代主要用于占卜的"甲骨文"也大相迥异。

据不完全统计，这种图画象形文字有三千多个单字。这种文字有几个奇：一奇在于它是人类文字从图画文字向象形文字过渡的一个特殊阶段的象征，从文字形态而言，它代表了比图画文字晚，但又比像甲骨文这样典型的形意文字早的一个人类文字发展史阶段。另一奇在于它是当今"世界上唯一活着的象形文字"①，有此美誉是因为现在世界各地发现的象形文字都已湮没在时代的风雨烟尘中而成为"死文字"，需要一代代学人费尽心力去破译，而东巴象形文却至今尚有纳西传统文化的传承者——东巴祭司能识读，并且还在民间使用着。

东巴象形文始于何时，学术界还没有一个定论，有殷商之前说、唐代说、宋代说、明代说等。

从这种文字的性质看，它是一种兼备表意和表音成分的文字，由象形符号、表音符号和附加符号构成，并以象形符号为主。在象形符号中，包括象形字、指事字、会意字、合体字、转意字等字符。东巴象形文中的象形字非常丰富，有单体符号和合体符号，有的象形字图画性非常突出，如东巴经中有不少表示动物的文字常常就以动物整体的形象出现。但从整体上看，东巴象形文所表现的趋势是动态的，即由繁到简，比如表示动物的文字常常是从动物的整体形象到以动物的头部代表动物全身。

东巴象形文中的指事字有两种，一种是独立的指事符号（主要是

---

① ［日］西田龙雄：《活着的象形文字——纳西族的文化》，日本中公新书1966年版。

数字),另一种是不独立的指事符号,附加在其他独立的符号上表示意义,如在一棵树、一两个人的周围以众多的黑点表示树林、人群等。东巴象形文中的会意字有两种:一种是"篇章会意",以一个字符或一组字符代表一句话或一段文字,如东巴经记载的纳西族创世史诗《人类迁徙的来历》(又译为《创世记》)中就常常有这种以几个字符表示一段故事情节的表述方式。另一种是"语词会意",即用两三个图符代表一个语词,如"金沙江"这个语词用"水"(江、河)和"金"两个象形字符组成,写作。

这些字符的读音、意义和形体已开始基本固定,并同纳西语中的具体词语有了大体固定的联系,这使它同原始记事的图画字有着明显的本质区别。而形声和假借的表音符号在东巴象形文中的大量运用也是与原始记事的图画字相区别的重要标志。但是,东巴象形文中也同时保留了很多完整的图画字,不少表示动物的字往往一字二体,一体表全身,一体表局部(局部往往是头部)。从文字形态看,东巴象形文是一种正从图画字向象形字过渡的文字,在文字发展史上代表一个特殊的阶段。东巴象形文的造字方法大体可以分为象形、指事、会意、假借和形声五类。以象形文书写东巴经有三种基本方法:一为图画式的表意法,即以字记忆,启发音读;二为省略词语表意法,即以字代句,帮助音读;三为逐词逐句表意法,即以字代词,逐词表音。在这三种书写方法中,以省略词语表意法为主,大多数东巴经的书写方法并非逐字逐句写出,有时几个词甚至一两句话只写出一两个字符,带有较强的语段文字特征,比典型的表意文字如古汉字更具原始性。

中国著名语言文字学家傅懋勣在《纳西族图画文字和象形文字的区别》①一文和《纳西族图画文字〈白蝙蝠取经记〉》的"序言"中,

---

① 载《民族语文》,1982 年第 1 期。

4

对东巴经中的文字和它所记录的语言作了精细的分析，得出如下结论：一般东巴经中的文字，"在相当大的程度上接近图画，它在文字发展史上，代表一个特殊的阶段"①。马叙伦先生认为："我国云南麽些族的文字，几乎可以说是汉字的前身……"②

由于东巴象形文在人类文字发展史上独树一帜，因此，它对进行比较文字学研究提供了很多有价值的依据。早在20世纪40年代，著名古文字学家董作宾就通过对甲骨文与东巴象形文的比较研究，指出东巴象形文可以反映汉字之古、汉字演进之久，可以对证产生汉字的地理环境，可以见造字心理之同，可以见造字印象之异。如地理环境之论，他举下面数例加以说明：如李霖灿先生所分析的那样，东巴象形文的"水"字为水流由北向南，反映出滇藏高原的水流特点；"日出"与"日落"的东巴象形文表现为太阳从高坡上升与落下，而甲骨文的"日出"与"日落"则表现为太阳依傍地面树木之形，反映出两种文字产生的不同地理环境。再如"路"、"田"、"山"等字，东巴象形文和甲骨文都有突出的地理特征的区别（见下图）。③

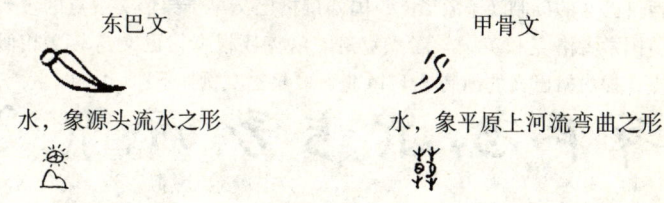

东巴文　　　　　　　　　　　　甲骨文

水，象源头流水之形　　　　　水，象平原上河流弯曲之形

---

① 傅懋勣：《纳西族图画文字〈白蝙蝠取经记〉研究》（上册），日本亚非语言文化研究所，1981年3月，第8页。

② 马叙伦：《中国文字之源流与研究方法之新倾向》，载《马叙伦学术论文集》，科学出版社1958年版，第30页。转引自王元鹿《汉古文字与纳西东巴文字比较研究》，华东师范大学出版社1988年版。

③ 董作宾：《麽些象形文字字典序》，载李霖灿《麽些象形文字、标音文字字典》，台湾文史哲出版社1972年版。

日出也，意为太阳从坡头出来

朝，早晨，残月当头，红日透出于茂草丛林之中

日没也，意为太阳向坡后落下

暮，日头已近地面落在草丛或树林中

东巴所使用的另一种文字称"格巴"（或"哥巴"），它是一种表词的音节文字，当文字记录语言时严格保持字和词相对应，一个字代表一个音节。格巴文中有些字是独立创制的，有的从东巴象形文蜕变而来，另有一部分则来源于汉字，有的是借汉字的形和义，有的是借汉字的形和音，有的只借汉字的形而无音义联系。格巴文流行的范围小，能识读它的东巴也不多，用它写成的东巴经很少，目前在国内收集到的只有两三百册。关于格巴文的创始年代，中国学术界与国外一些学者有不同的看法，中国学者以比较充分的论据从多方面论证了纳西格巴文的创制晚于象形文；国外持格巴文早于象形文观点的主要是美国学者洛克和英国学者杰克逊。洛克还根据格巴文与彝文相似之点，提出格巴文的创制早于14世纪。格巴文例如下：

上面两行格巴文的意思是：未下雨时就先搭毡棚，未发洪水时就先搭桥。

2. 东巴象形文有趣的象征意义

（1）东巴象形文中的民俗事象象征

第一，以局部象征整体。在东巴象形文的造字方法中，非常突出和普遍的一个特点是以局部象征全体，这一点比较突出地反映在表示生物特别是动物的象形字上，因此，在反映放牧、狩猎等习俗的东巴经中就常常见到这种文字形态。这也是东巴象形文从图画文字向象形文字过渡的一个特征。如老虎写作 ，羊写作 。

另一种是以事物的特征部分来象征所指事物全体。如雌性写作 ，是女阴之形，用来象征雌性、女性；雄性写作 ，是阴囊之形，用来象征雄性、男性。

第二，基于传统宇宙观的领地象征。这一点比较突出的是"天"和"地"象征一个民族、氏族、部落的领土，其基本观念是将上述一个社会组织群体的所居之领地理解为独立的一片天和一片地。表示"天地"的象形文写作 ，读作"美堆"（meeddiuq），直译即"天地"。文字上部分为天之形，下面为地之形。纳西语说自己的家乡是"乌美乌堆"（wu mee wu ddiuq），直译即"自己的天和自己的地"；异乡则称为"西美西堆"（xi mee xi ddiuq），直译即"别人的天和别人的地"。这种语言现象与汉语所说的"有自己的一片天地"有相似之处，但此词组在纳西语中是专指自己的家乡、区域，没有汉语那样可有指称某专业领域或精神领域的引申义。

第三，以某种突出的内在特性来象征特定观念。这类象形文以指称对象内在的特性来象征特定观念，如有个象形文写作 ，是一个手持旗杆矛，头插旗帜的男子形象，在东巴经中普遍指武士；另一个字写作 ，是一个手持旗杆矛的女子形象，读作"单咪"（ddaiq mil）或"咪单"（mil ddaiq），意为"勇猛的女子"。这个"单"原指勇猛、勇武，"咪"意为兵士。但"单"一词亦有几个象征义，如指称能干、敏捷、能力、力量，其原始字义皆源于古代武士之勇。后来，这个字也用来指男子的能干、女子的贤能等，如能干；贤能的女子亦可称为"咪单"。东巴教中的"单务"（ddai ngvl）仪式最初是超度武士灵魂的丧仪，后来亦成为超度能人、贤人之魂的仪式。

第四，以某一特定物质象征抽象观念。在东巴象形文中，有不少文字的象征意义是从文字本身所代表的物质实体的实用功能而萌生的，但逐渐产生了更深的引申象征意义，有不少字的象征意义是从过去的生死崇拜观念中发展而来的。如东巴象形文的"福气"或"福泽"一词写作 ，读作"尼哦"（neeq oq）或"尼能哦"（neeq neiq oq）。"尼"有两义，其一指男精；"哦"亦有两义，其一指女性分泌液。东巴经中常见一短语，写作 ，读作"阿斯尼般日，阿美哦饶日"（e seeq neeq bber ree, e mei oq ssaq ree）。"阿斯"意为父亲，"尼"指男精，"般"是迁徙、流动之意；"阿美"意为母亲，"哦"指女性分泌液或女性之蛋（卵），"饶"是下降之意。直译即：父亲流"尼"之路，母亲下"哦"之路。[①] 方国瑜编撰、和志武参订的《东巴象形文字谱》中有一个表示男性生殖器的象形字 ，读作"爪恩尼饶日"（zuaq ee neeq bber ree），直译即"好男下'尼'之路"[②]。在纳西族先民的观念中，一旦男女生殖之路受阻，就要影响生育。东巴经《崇仁利恩解秽经》中说：秽鬼堵塞了父亲的"尼"出来之路和母亲的"哦"下降之路（意即堵塞了生殖之路）。[③] 民间也有认为不生育是男女的"生殖之路"被鬼堵塞的观念。"尼"（neeq）

---

① Rock, J. F.: *The Na-Khi Naga Cult and Related Ceremonies*, Part 1, Roma: Is. M. E. O., 1952, pp. 91、188、201.

② 方国瑜编撰、和志武参订：《东巴象形文字谱》，云南人民出版社1981年版，第245、263页。

③ 和芳讲述，周耀华译，丽江县文化馆1962年石印本。

与"哦"(oq)的观念,最初无疑与纳西先民的生殖崇拜观念有关。"生殖之路"畅通无阻,在过去一个部族、部落、村寨乃至家庭的兴旺发达取决于人口的繁盛与否的特定历史阶段,男女皆有充溢的"尼"与"哦",即有强盛的生殖能力,无疑是一种"福气"或"福泽",因此象形文以"尼哦"象征福气极易理解。

在东巴象形文中,又有一个象征福气、福泽的字组,写作 ![], 亦读作"尼哦"(neeq oq),是绿松石、光玉髓。羊也是一种吉祥的动物,如云南滇西北著名的神山——太子雪山卡瓦格博峰就属羊。这种对羊的崇拜可以上溯到纳西族、藏族远祖古羌人的羊图腾崇拜。如果一个人或家庭有很多绿松石和家畜,那无疑是有福气、福泽的。显然,这一观念主要是基于家庭财产积累的意义而产生的。从东巴经中分析,上述第一例的含义要比第二例的含义萌生得早。

有意思的是,在古汉字中,羊也与吉祥有神秘的关系。《说文·羊部》中说:"羊,祥也。"《说文·示部》"祥"下说:"福也。从示羊声。一曰善。"羊在中国古人的心目中是吉祥和福泽的语源和字根。如《说文》中还说"美,甘也。从羊从大。羊在六畜,主给膳也","善,吉也。从言从羊"。羊的吉祥含义在古汉字中的表现还有很多,如与东巴象形文和东巴教中关于羊的文字、语词和信仰习俗进行详细的比较研究,可能会有不少收获。

在东巴象形文中,与上例同类的还有一个典型的语词,写作 ![], 读作"窝增"(o zzei),表示财产。在东巴教中,此词又广泛地象征各种物质性和精神性的财产等,东巴常以此词指称精神性的拥有物,如宗教和文化遗产等。但东巴象形文最初是以牛和麦子为财产之象征,这典型地反映了纳西族与农耕定居生活密切相关的财产观念,以及由此衍生出来的各种抽象观念。

此外,东巴象形文中还有一个特定的语词,写作 ![], 读作"诺哦"(no oq)。这个词只用于死者，指死者生前所拥有的物质性和精神性的东西，如各种财产，各种诸如勇敢无畏等好品质、好品德，以及好本事、能力、力量、人缘等等。在丧葬仪式上，东巴教中有称为"诺哦少"的仪式，详细描述东巴怎么帮助主人家祈求死者在"回归祖地"前把所有的"诺哦"留给后人，有种种设法拦截天地山川飞禽走兽的"诺哦"的浪漫描述。但如果从"诺哦"的象形文字上看，它也与"绿松石"这一象征财物和吉祥的物品有关，关于此字的造字心理和方法与上述几个表示财产、遗产的字是同源一理的。

第五，与特定社会组织相关的象征意义。有的象形文有纳西族特定社会组织的象征含义，如"氏族"或"宗族"写作 ⊶，读作"窝"(o)，表示"源于一个（男性祖先）根骨"的群体，因此以一根骨头来象征一个氏族或宗族。这个表示"骨头"的象形文字成为表示氏族、家族的字根。如现在还普遍存在于纳西族社会中的"崇窝"(coq o)，是一个实行外婚制的父系世系群，即一个男性始祖后裔组成的、有血缘亲属关系的家庭组织。它在象形文中写作 🐘 ⊶，一个大象之头是古语"崇"(coq，意为"人类")的同音假借字，"窝"即指"同一（父系）根骨"的宗亲。

纳西族人认为父系是"骨"，而母系是"肉"，因此在象形文中就有一个与"骨"（父系亲族）相对应的字，写作 ⊶，为一块瘦肉之形，读作"纳"(nal，意为"瘦肉")，边上的黑点是"纳"的声符，以"肉"象征母系亲属。

东巴象形文中还有一个象征氏族、亲族的字，写作 ⊞，读作"括"(koq)，是栅栏之形，因氏族、亲族设栅而居，因此以栅栏象征"亲族"。方国瑜编撰、和志武参订的《东巴象形文字谱》中说此字的象征义是"母族也"，而洛克的《纳西—英语百科词典》中则说此字的象征义是"父方亲族"。但从"母方亲族"称为"纳括"、父方亲族称为"窝括"来看,"括"(koq)这一词看来已泛指"亲族"。在东巴象形文中,从这一有具体象征意义的字符中又产生出不少字,如象形文中又有 ⊶⊞,读作"窝括",意为"父系亲族"。另一字组 ⌒⊞,读作"纳括",意为"母系亲族"。又有 ❦,洛克解为"父系亲族之仇敌"①,意为"亲族之仇敌",是表示"山柳"的字符,同音假借为"敌人"。另有一字 ❦,读作"括低"(koq ddee),兼指包括母系和父系在内的亲族,洛克认为"括"指父方亲属,"低"指母方亲属。②

(2) 东巴象形文的审美象征

从古汉字和东巴象形文中还可以看出不同民族的审美观在文字上的反映。如"美"字,《说文》中说:"甘也,从羊大。"徐铉曰:"羊大则美。"段玉裁曰:"羊大则肥美。""羊大"之所以为"美",则由于其好吃之故:"美,甘也。从羊从大。羊在六畜,主给膳也。"美学家李泽厚有独到的猜测,认为"很可能'美'原来是冠戴羊形或羊头装饰的大人("大"是正面而立的人,这里指进行图腾扮演、图腾巫术的祭司或酋长)……他执掌种种巫术仪式,把羊头或羊角戴在头上以显示其神秘和权威。……美字就是这种动物扮演或图腾巫术在文字上的表现。"③

东巴象形文以自然物象征一种审美观念,如"美丽"一词写作

---

① Rock, J. F: *A Na-Khi-English Encyclopec Dictionarry*, Part 1, 2, Roma 1963, p201.

② Rock, J. F: *A Na-Khi-English Encyclopec Dictionarry*, Part 1, 2, Roma 1963, p43.

③ 李泽厚、刘纲纪主编:《中国美学史》第1卷,中国社会科学出版社1984年版,第80页。

🍎，头上有花，示其美，以花象征美。"美女"写作 🌸，一女子脸旁有花，示其美。以花插头上作为装饰是纳西族女子的传统习俗，东巴经所记载的殉情故事中的女主人公都是满头鲜花。

除此之外，东巴象形文中还反映了纳西族一种古老的审美观念，即以"竖眼"为美，写作 👁。此字源于东巴象形文古籍中所记载的创世史诗《崇般突》

身着传统服饰的纳西族妇女（摄于2011年）

（又直译为"（纳西）人迁徙的来历"）。洪水后，创物神美利董阿普引导纳西始祖崇仁利恩去找配偶，叮嘱他不要找那个美丽的竖眼女，应找那个善良的横眼女。崇仁利恩却想：心美不如身美，脸美不如眼美，于是就找了那个漂亮的竖眼女。

日本学者伊藤清司认为，眼睛深深地包含着"文化"的意义。他以彝族创世神话《梅葛》中的"直眼"和"横眼"与人类文化史的对应情况，以及《楚辞》中所描写的"豺狼从目"、"豕首纵目"等作比较研究，提出"直眼"象征一种非人类的眼睛的观点，纳西始祖与直眼女结合生出野兽的情节也证明了这一点。①

伊藤清司的论述自有其独到见解，但我们从上述故事情节中更可以直观地看出一层神话本身启迪于人的含义，即这种"心美不如身美，脸美不如眼美"的取貌不取心的审美意识是当时社会存在和意识形态在性爱观中的反映。由于当时配偶的不稳定性，在经济及生活上还未结成牢固的纽带，对方的人品、性情等属于伦理道德范畴的品质还未成为取舍情人的首要因素，当时的人们所追求的首先是定位于性感的外表的美，是富有生命力、生育力的形体美。东巴古典作品中常常讲到"聪明的猎犬爱追肥壮的麂子，能干的汉子喜欢漂亮的女子"。东巴经最常见的祝辞中，都提到希望生女美丽漂亮，但很少说到被现代纳西族社会视为女子美德的勤劳、贤惠等品质，这也透露了这种沿袭自古代的性爱审美意识。即如伊藤清司所论，这种"直眼"和"横眼"有与文化发展史相对应的象征意义，但我们从《崇般突》中更多地得到启示的是一种古代性爱观的信息，即当时的男人更欣赏一种野性的、没有多少文明教化及伦理色彩的自然之美，因此，横眼的"善良"女被排斥，而具有野性的、非文明特征之美的竖眼女则被男性祖先作为求偶的首选目标。

借助东巴象形文，还可以考证出某些汉字的象征意义，如方国瑜教授借助东巴象形文考证出了汉字"古"的本义是"苦"。关于"古"的本义，学术界长期一直没有圆满的解说。《说文·三上·古部》曰："古，故也。从十口。识前言者也。"然而在甲骨文中，"古"写作 ⌂，并非"十口"之形。方国瑜先生由东巴象形文看到"甘"写作 ⌒，表示口含甘物，"苦"写作 ⌒，表示口含苦物，由此联想到古汉字"甘"写作 ⌒，亦是口含甘甜之状。以此

---

① ［日］伊藤清司：《眼睛的象征》，载《民族译丛》，1982年第2期。

类推，方先生得出了"古"字的甲骨文象征"口吐苦物"之意，"古"字即"苦"字的最初形态。①

（3）东巴象形文中的宗教象征意义

第一，"黑"、"白"的象征。

东巴象形文是纳西族东巴教的载体，因此，文字本身就有很丰富的纳西传统宗教的象征意义。如象形文的"黑"、"白"两个字符就突出地反映了东巴教中的"黑白"二元对立观念，而这黑白的观念又与日月星辰密切相关，如以白天、太阳和月亮代表光明，生发于日月星辰崇拜的"白"象征善和吉祥的事物；以黑夜代表黑暗，萌生于憎惧黑暗心理的"黑"象征邪恶和不洁的东西，所以"黑"的象形文写作 ▬ ，在东巴经中有黑、毒、苦诸义。象形文"巨毒"一词写作 ✺ ，是在一朵黑花旁加一黑点，直译是"黑毒"。又如"苦"写作 ⌒ ，象嘴中吐一黑物出外之形，黑物表示味苦。"毒"写作 ✺ ，黑之花，毒也。又，黑道日、不吉之日写作 ⊕ ，于太阳中加入四个黑点，直译即"黑太阳"。东巴经中说鬼地一切皆黑，天地日月星辰尽为黑色，故象形文亦有"黑太阳"之字，以与人间之白日白月相对。还有一象形字写作 ✦ ，是三尖全黑之形，四面有震颤外射的线，意为天下初出的一团黑色，是生恶之万物者。另一字写作 ✧ ，是三尖全白之形，意为天下初出的一团白色，是生善之万物者。象形文"黑月亮"写作 ◖ ，指鬼地之月亮，"黑月"指不

---

① 参见方国瑜：《"古"之本意为"苦"说》，载《东巴文化论集》，云南人民出版社 1985 年版。

吉的月份。象形文的"坏"或"邪恶"一词写作 ▲，是一个全黑三角形字符；"邪念"一词写作 ⚐，是一个黑三角形从心中生出；坏人写作 ⚐，是人形上有一黑团。

上述表现在东巴象形文上的象征现象对于研究原始思维和原始宗教有很重要的意义，在汉语、英语、德语、俄语等语言中也有以白为善、以黑为恶的反映，这些观念源于原始先民崇尚光明、憎惧黑暗的心理和功利性的自然观。①

第二，象形文与肇源于宗教的伦理观念。

类比联想也是东巴象形文中反映出来的一个特点。如："凑"（chel）是东巴教中的一个重要观念，此字义为污秽、不洁，象形文有两字表示：一字写作 ⚐，洛克（J. F. Rock）解释是"粪便之形"②，李霖灿解释为"胎胞之形"③，方国瑜、和志武解释为"秽气也"④；另一字写作 ⚐，洛克解释为"已经腐烂的腱或肠子"⑤，李霖灿解释为"秽气也，象秽气之形"⑥，但此字又指称一切

---

① 杨福泉：《纳西族东巴经中的"黑"、"白"观念探讨》，载《世界宗教研究》，1986年第2期。

② Rock, J. F: *A Na－Khi－English Encyclopec Dictionarry*, Part 1, Roma 1963, p201.

③ 李霖灿：《麽些象形文字字典》，台湾文史哲出版社1972年版，第54页。

④ 方国瑜编撰、和志武参订：《东巴象形文字谱》，云南人民出版社1981年版，第245、263页。

⑤ Rock. J. F: *A Na－Khi－English Encyclopec Dictionarry*, Part 1, 2, Roma 1963, p43.

⑥ 李霖灿：《麽些象形文字字典》，台湾文史哲出版社1972年版，第11页。

违反民族传统习俗、伦理道德的行为和由此引起的后果。东巴经、东巴画和东巴教仪式中指称为"凑"（chel）的行为有涉及到婚姻和两性伦理的，如远古洪水暴发后发生的纳西远祖兄妹婚配，同一宗族的男女之间发生的两性关系，婚外性行为导致的私生子等；有涉及到违反民族传统禁忌习俗的，如杀死红虎、狗和吃狗肉等；有涉及到违反民族传统生态道德观的，如认为乱砍滥伐、污染水源河流和滥杀野生动物都会导致产生"秽鬼"；有涉及到民族一些独特的道德观念的，认为杀死曾帮助过自己的人是恶行，会产生"凑"。东巴教中这一"凑"的观念深深地渗透到纳西族人的社会生活中，形成一个传统伦理道德范畴，制约着纳西族人的社会行为，而这个复杂观念在象形文字中则是上述所示的一个直观的秽物。

纳西族有些重要的传统观念在象形文中则可溯源到某个与这种观念有关的神灵。纳西族伦理道德思想中有一个观念，称为"董"（ddu），凡是符合本族社会规范、习俗、传统习惯等的行为，纳西族人就称之为"董"，意思与汉语中的"兴"（做某事）相近，否则称为"某董"（me ddu），即"不兴"（做），如姑舅表婚是"董"的，而同一宗族内近亲是"某董"。千百年来，纳西族人的社会行为都以这"董"和"某董"为准则。这个"董"的观念源于东巴教，"董"原是东巴教中的一个重要神祇，又叫美利董阿普，董神创造了世上万物，并给了世上万物不同的寿岁。东巴教认为每个仪式程序也是董神规定下来的，因此，东巴教的每个仪式都有一本指导性的"仪式规程经"，称为"董母"（ddu muq），意为董神规定的规程，每个仪式都必须严格按照"董母"来进行。到后来，"董母"或"董"这个词就成为一个固定术语，指一切社会行为规范的来历和准则。而在象形文中，一直以这一观念之源的创物神"董"神来象征这一抽象观念，写作 。

第三，神灵、精灵的象征体。

从东巴教的神祇谱系中可以看出，一些比较古老的神祇是不具人形的，尚未进入与人同形同性格的人格化阶段，它是以相关的象征物来象征的，而这种现象也反映在东巴象形文上。如：生命神"素"（svl）写作 ![图], 是以生命神所栖居的"素笃"（"素"之竹篓）来象征该神。过去，纳西族家家户户的神龛上都供有这个象征家庭成员生命神组合体的生命神竹篓。生命神"素"一词两义，既指生命神，也指生命，因此，这一表示生命神竹篓的象形文字也用来象征所有包括人、家畜、庄稼等各种与人生密切相关的生命和生命有机体（野生动物则属于大自然神"署"所统辖的范畴，因此"素"这一字义不涵盖野生动物的生命）。

在纳西族的神坛上，畜神和谷神亦栖居在一个竹篓中，称为"糯笃"，内放象征畜神、谷神的石头、连枷、粮架模型、松球及谷物等。东巴象形文中的畜神写作 ![图]，在有的东巴经中又将畜神写作 ![图]，是一根松枝之形，众多黑点象征的松球很多，此字是以松枝象征畜神，以表示众多松球的黑点来象征东巴教中的十八尊畜神。在有的东巴经中，谷神哦美恒写作 ![图]，是谷堆之形，以谷堆象征谷神。

上述几例是以与该神灵有关的"神舍"来象征该神，如东巴象形文中的"人类之神"亦即"繁衍之神"写作 ![图]，是银河之形状，读作"伙"（hoq）。洛克（Rock, J.F）的调查指出，有的东巴又把"伙"解释为"指称男精和司男精之精灵"[①]，这是从银河布满繁星的自然现象推想而来的生殖崇拜观念。很多东巴经中说："天上布满星星，在天上的星星中，银河是最博大的，星星不计其数，天底下的人

[①] Rock, J. F: *A Na – Khi – English Encyclopec Dictionary*, Part 1, Roma 1963, p348.

17

不像天上银河的星星那么多，因此人们肩扛银河的木，怀揣银河的石。"象形文写作 ![字], 这里，木和石是作为多育的象征。[①]

东巴教中的村寨在象形文字中写作 ![字], 读"子瓦"，是石砌成的房屋和墙壁之形。它也有山神的涵义，是象征主宰着某个村寨建寨所用的那一块山地的精灵。

东巴教中有的神灵、精灵的象形文形象则以宗教内涵的主要具象物来象征，从一个形象中可以看出多种象征意义。如相传与人是同父异母的司掌大自然之精灵的形象写作 ![字], 读"署"（svq），是一个蛙头人体蛇身的精灵。"署"虽管辖着所有的野生动物，但蛇与蛙被认为是"署"手下动物的代表和基本的具体象征物。人们触犯大自然即触犯了"署"，旨在与"署"和解的东巴经中最经常提到的是人们伤了树上的蛇、蛙和水中的蛇、蛙，因此得罪了"署"。祭"署"仪式中的主要祭献品之一是用面粉做的蛇和蛙，以及绘在仪式木牌上的蛙和蛇，表示向"署"偿还原来属于它的动物。东巴经《白蝙蝠请"署"》中说，要把木牌做成顶部似蛙，下部似蛇的形状。[②] 东巴经第一部反映殉情习俗的《鲁般鲁饶》中说，人们原来不会砍木牌的尖头，后来在亨依瓦吉河的上游看见青蛙在跳跃，于是摹仿青蛙头修造木牌尖；人们原来不会砍木牌尾，后来在吉衣瓦吉河的下游看见青蛙在蠕动，于是摹仿青蛙尾修造木牌尾。[③] 东巴象形文中有相应的一字

---

① 杨福泉：《东巴教所反映的生殖崇拜文化》，载《东巴文化论》，云南人民出版社1991年版。

② Rock, J. F.: *The Na-Khi Naga Cult and Related Ceremonies*, Part 1, Roma: Is. M. E. O., 1952, P. 201

③ 杨士兴、和云彩讲述，和发源译，丽江东巴文化研究所油印本，第81页。

写作❀，这与"署"的本原形体蛇、蛙有关。"署"是纳西族大自然崇拜中产生的精灵，他以蛇为其形体的主要象征物，又把死者的灵魂解释为化成蛇，说明蛇是纳西先民远古所崇拜的一种灵性动物，一种逐渐衍化成自然神秘力量的象征。

有的神灵的象形字本身就是这一神灵所代表的实物本身，如启神写作〡，是一根刺的形状。"启"即"刺"之意，在仪式中专门用来刺鬼怪，共有十八尊，不仅把它们拟人化，还把它们性别化，东巴经中说"在九十个坡上插上启男，在七十个坡上插上启女"。东巴经中有专门描述启神来历的《启神的来历》，从象形文可以看得出这一精灵是一种利刺的神灵化。

3. 飘零四海的象形文古卷

除了上述东巴象形文在人类文字史上的价值和独特之点外，另一更使国内外学者们感到惊奇和喜悦的是，纳西古王国的东巴祭司用这种古老的象形文字写下了浩如烟海的典籍，这是人类文化史上绝无仅有的创举和奇观。

卷帙浩繁的东巴象形文古籍，是一座巍峨的古文明高山。

许许多多喜马拉雅周边区域的原始宗教因子积沉其中，已经在这一片雪域消逝的不少前佛教文化、藏族的原始宗教——本教文化等，都比较完整地保留在这些古籍和与这些典籍相配套的东巴教仪式中；这一区域众多民族历史上的文化交流、文化传播之谜，将随着这数万卷象形文古籍的不断译释而得以破解。

一百多年的岁月如东去的金沙江水一般流逝，世界各地的学者们在苦苦地破解着这些象形文古籍中的文化之谜，揭开一层层笼罩在这些宗教秘籍上的烟霭，它们的深沉玄奥和古朴美丽，正不断地为世人所认识。

这数万卷东巴经集纳西族古代智慧和哲思之大成，是纳西族古代社会的百科全书。在这些散发着松香竹韵、烟渍斑斑的古书中，凝聚着纳西先民对宇宙人生的冥想苦思，对天地人神鬼之秘、万事万物的起源等充满天籁之趣又不乏理性的解释，对人与自然之关系的睿智思考，对天体地理、生老病死的初步探索；记录了纳西族在漫漫岁月中的悲欢离合，世路沧桑；同时，它和那些在仪式中与天地鬼神对话的螺号鼓声、钹音铃韵、东巴的长歌曼吟融汇在一起，表达了纳西先民对大千世界无尽之谜、无穷之像的迷茫、怅惘而又豁然通达之心。

纳西族的古代宗教、历史、文学艺术、天文地理、社会生活、民俗在这万卷经籍中济济一堂，象形文字使它们免去了湮没于幻化的时空，寂灭于多变的世路之命运。

从此，"纳西古王国"在世人的心目中成了一片神奇的文明净土；从此，这一片曾被中国的不少封建王朝统治者和腐儒们视为"蛮荒鄙陋"、"草昧犷獠"的边地不再寂寞。从此，这些深藏于雪域净土的经典也开始了如敦煌古卷那样漂泊天涯、流离异域的命运。

西方学者早在19世纪中叶就注意到了远在云南边陲的纳西族东巴文化。1867年，法国传教士德斯古丁斯（Pere Desgodins）从云南寄回巴黎一本11页的东巴经摹写本《高勒趣招魂》。数年后，吉尔（W. Jill）上尉和梅斯内（Mesney）在丽江旅居时得到了3本真正的东巴经，其中两本被寄回梅斯内在英国泽西的家，一本被寄往大英博物馆。这本东巴经被标以"中国缅甸之间山地祈祷者的象形文稿"的题目。这之后，不断有一些西方的学者、探险家、旅行家、传教士从云南丽江带走东巴经。

这些东巴经被视为人类启蒙时期原始图画文字的珍本，在欧洲高价出售。1922年，英国曼彻斯特约翰·赖兰图书馆（John. Rylands Library）从英国爱丁堡植物学家福雷斯特（G. Forrest）那里买到135本东巴经，成为当时世界上收藏东巴经最多的图书馆。1929年，英国外交部和印度事务部委托英国驻云南腾越（今腾冲县）理事购买和翻译东巴经，购集了55本属于东巴教延寿仪式的东巴经，在留居丽江的美国传教士安德鲁斯（Andrews）和一个东巴的帮助下把它们译成汉语，其中一部分已经译成英语。当时，美籍奥地利植物学家洛克（J. F. Rock）已开始大规模收购东巴经，价格上涨。英国方面于1931年停止了翻译工作，匆忙购买了125册经书，连同原有的55本东巴经一起运回国内，共180册东巴经分别收藏于大英博物馆和印度事务部。

西方第一篇讨论纳西族象形文字和东巴经的文章是拉卡帕里尔（Terrien deLacouperie）于1885年发表的《西藏境内及周围的文字起源》一文。他在文章中公开发表了由德斯古丁斯带回西方的第一本纳西东巴经复制本，明确指出这是麽些（纳西）人的象形文手稿。第一个比较完整地写出一本关于纳西族和东巴经书、东巴象形文专著的是法国人巴克（J. Bacot），他在1913年出版了《麽些研究》（Les Moso）一书，全书约六万字。作者在书中介绍了他1907年和1909年两次考察纳西族地区时所见到的370个象形文字，并对纳西族的口语、词汇和语法作了初步研究。书中还介绍了纳西族的衣食住行、地理环境、体质特征、婚姻道德和宗教等。

对纳西族东巴文化用功最深的是美籍奥地利学者洛克，他于1921年至1949年长期留居丽江，原受美国农业部之托采集植物标本，接触到东巴文化后就醉心于此，潜心研究。在美国农业部、美国地理学会、哈佛大学等单位的资助下，洛克购买了大量的东巴经，这些数以万计的东巴经后来由他赠送或卖给各国的一些图书馆、研究机构及个人收藏者。经数十年锲而不舍的努力，洛克在纳西学的研究领域里取得了举世瞩目的成就，在美国、意大利、瑞士、联邦德国等国家先后出版、发表了十几种论著。

如今流散在美国、英国、德国、法国、意大利、荷兰、瑞士、西班牙等地博物馆、图书馆以及私人之手的东巴象形文东巴经有一万多卷。英国学者杰克逊（A. Jackson）在1979年公布的欧美两地收藏数是9354卷。据笔者十多年来在美国、英国、法国、德国、瑞士、瑞典等国游学时的粗略了解，还有很多私人收藏的东巴经没有计算在内，估计至少有一万多卷。如笔者1998年在瑞士讲学时从苏黎世民族学博物馆馆长奥皮茨（Michael Oppitz）教授处得知，西班牙也有不少私人收藏的东巴经。

美国纽约鲁比博物馆（Rubin Museum）在2011年举行的东巴文化展览中所展出的收藏在美国国会图书馆、哈佛大学燕京学社的东巴经

2000年5月21日至30日，笔者应瑞典"国立远东文物博物馆"、斯德哥尔摩大学东

在瑞典国家民族学博物馆发现的东巴经藏本之一

方语言学系、隆德（Lund）大学东亚、东南亚研究中心、瑞典"国立民族学博物馆"亚洲部的邀请，赴瑞典讲学访问。没料到此行会在这里与从未见诸任何记载的一批东巴经瑰宝邂逅。把如今收藏在瑞典民族学博物馆的东巴经藏本带到瑞典的是瑞典著名东方学家、探险家赫定的一个同事、德国著名的蒙古学家费迪南（Ferdinand Lessing）博士。据说他是从两个在中国的传教士手上获得这些经典的。

笔者与伊蕾内女士一起核查了该馆的亚洲图书收藏目录，共有14本，在库房里找到了6本。我们一起去观看时，伊蕾内女士戴上薄薄的橡皮手套，小心翼翼地把这些经典摊在桌子上。据笔者的初步考察，这6本经书全是"斯究鲁究"象形文，其中的两本属于"署古"（祭大自然神"署"）仪式，一本属于"凑古"（除秽）仪式，一本属于"堕拿肯"（放替身）仪式，一本属于"汝仲本"（延寿）仪式。其中有4本经书的封面有彩色缀饰，这些经书的象形文字都写得相当有风格。

图画象形文东巴经

在国内,经过很多战争等社会动乱和"文化大革命"等极"左"的政治运动风暴,无数东巴象形文古籍惨遭焚毁,灰飞烟灭,劫后余生的东巴经有一万多卷,收藏在丽江、昆明、北京、南京、台湾等地。

4. 写在植物纸上的东巴古籍

东巴经用纳西族地区一种木本植物皮所制的厚棉纸装订而成,其样式一般为横长竖短形,横长27~29厘米,竖宽8~9厘米,在左端用线装订成书,从右往左翻页书写。内页一般每行打横线分成3行或4行,从上行开始由左往右书写经文,写完一句,便画一条竖线隔开,继而又写下一句。写完一行又由左往右写第二行和第三行,然后再翻页如此书写。占卜书则一般比经书小,多在上面装订,从下往上翻页书写。书写东巴经的墨用锅底烟灰拌以猪胆汁、松明油烟制成,笔用竹子削制而成。

东巴经的形成和发展可能始于北宋。[①] 一些东巴经在结尾由书写者标上书写日期,据公之于世的研究结果,美国学者洛克所发现的最

---

① 参看方国瑜编撰、和志武参订:《东巴象形文字谱》,云南人民出版社1980年版。

早的一本标有日期的经书是明万历元年八月十四（1573年9月17日）所写。[①] 台湾学者李霖灿在美国国会图书馆所发现的最早的东巴经版本是清康熙七年（1668年）。[②] 按东巴经仪式诵经的要求，东巴经大致可以分为以下类别：祭天、祭地、祭大自然之神"署"、祭星、放替身消灾、祭风（包括祭殉情者、祭凶死者等）、除秽、解死厄、顶天灾、祭村寨神、祭胜利神、祭谷神、祭畜神、祭生命神、祭猎神、祭山神、祭纳西民族保护神"三多"、祭祖、祭水怪、祭绝后鬼、祭口舌是非鬼、祭黑鬼、祭使妇人难产的"拖罗"鬼、祭使人倒霉的"抠古"鬼、祭使人畜不繁衍的"替拉"鬼、祭无头凶死鬼、祭雪鬼、祭瘟疫鬼、祭蛇鬼、祭豹鬼虎鬼、擎神石赶鬼、开丧、超度、求寿、地穴赎魂、占卜、祭泉眼、祭黑暗鬼等。[③]

有的学者也把东巴经的类别分为以下几种大类：

（1）丧葬类经籍

此类经籍分为正常死亡和非正常死亡者所用的仪式经书两类。第一类是祭正常死亡者。一是祭一般人，是正常死亡者中的大多数。专祭他们的经书称为"西开西恩"。其中记载了火葬习俗的来历，人死后行丧葬的全过程，超度死者亡灵的方法和过程。主要用的经书有《人类迁徙记》《削木偶》《开神路》《献冥马》《送死者之挽歌》《悬挂天灯，照死者行程》《吃分离饭》《放鸡牲》等七十多本。二是祭胜利者。这类死者是为氏族、民族立过战功，为民族造福谋福利者。用于这类仪式的经籍主要有《祭胜利者》《胜利者的出处与来历》《迎接胜利者·用牦牛作祭牲》《擒敌》等15种。三是祭牧者。纳西

---

① 洛克：《中国西藏边疆纳西人的生活与文化》，联邦德国威士巴登1962年版。

② 李霖灿：《美国国会图书馆所藏的麽些经典》，载《麽些研究论文集》，台湾国立故宫博物馆1980年版。

③ 这一分类主要参考了美国学者洛克博士的论著。

先民曾是游牧为主的民族，畜牧是纳西族的主要生产方式之一。因此，老牧民死了，要请东巴举行祭牧者仪式。所用经籍主要有《祭放牧牛、羊和马者》《燃灯·迎畜神》《为牧者招魂》《祭牧者·关死门》等7种。四是祭武士。肇源于祭祀本族著名的武士。主要用的经籍有《虎之来历》《武士和武器之来历》《赎武士之魂》《武士颂》《击倒"勒臭"鬼》等。后来此仪式也引申为祭祀能干者和能工巧匠，即善于冶炼铜铁，制造刀、矛、盾、戟、铠甲等战斗武器和善于制作各种生产生活用具者。五是祭长寿者。主要经籍有《祭男长寿者》《祭女长寿者》《含英巴达神树之来历》等16种。六是祭东巴。主要经籍有《丁巴什罗传略》《在黑湖边为什罗招魂》《迎接什罗祖师》《送什罗祖师》等八十多种。七是祭东巴妻。主要经籍有《茨里拉姆传略》《招拉姆之魂》《破尼瓦地狱血海》等三十多种。八是祭绝后者。主要经籍有《绝后者之来历》《为绝后者赎罪》《给绝后者献牲》等13种。九是祭早亡者。有《祭夭亡者》等经籍。

第二类是祭非正常死亡者。一是祭殉情者。经籍有《鲁般鲁饶》《割上吊者缢绳》《为殉情者建冥房》《送殉情者到乐园》《祭风鬼乌莎命》等八十多种经籍。二是祭遭受意外横祸丧生者，如被野兽咬死，被牲畜顶死，落水溺死，被雷电击死等。所用经籍有《"短"鬼的出处与来历》《悬狗镇压"短"鬼》《迎接郎久敬久神》《解死结》《关死门》等六十多种。

（2）禳解类经籍

此类经籍用于以替身消灾、退口舌是非、除秽、送瘟疫鬼、赶不育鬼等仪式。一是用木偶替身消灾仪式。所用经籍有《董术战争》《白蝙蝠取经记》《哈斯战争》《沙劳阿巴的故事》《十二种牲畜的来历》《分开白石与黑石》《迎请优麻神》《解岁厄》等一百三十多种。二是退口舌是非。经籍有《口舌是非的出处与来历》《退各种口舌是非》《镇压是非鬼》《让马驮去是非》《多沙欧吐的故事》《崇仁利恩与勒欺斯普的故事》等五十多种。三是除秽。经籍有《秽气的出处与来历》《给董神塞神除秽》《给天之九兄弟和地之七姐妹除秽》《用净水壶之净水除秽》《请优麻神将砍秽树·杀秽鬼》《思巴金补的故事》等一百多种。四是送瘟疫鬼。经籍有《瘟疫鬼的出处与来历》《驱除瘟疫鬼》《请神降威灵》等13种。五是赶不育鬼。经籍有《拖罗鬼的出处与来历》《求威灵》《赶拖罗鬼》《解脱厄运》等16种。

（3）求福寿经籍

此类经籍包括用于祭自然神"署"、祭生命神、祭天、祭胜利神、祭祖、祭畜神、祭五谷神、求寿岁、祭星等。一是祭自然神"署"。经籍有《署之出处与来历》《迎接署神》《向署赎罪》《向署求雨》《向署求五谷丰登》《向署求寿》《署与人类争斗的故事》《神鸟斗署》《署梅纳布的故事》等一百五十多种。二是祭生命神。经籍有《向生命神"素"献牲》《向生命神"素"献饭》《神圣酥油之来历》《神药"考赤"之来历》《婚歌》等。三是祭天。经籍有《祭天除秽》《献牲，人类迁徙记》《祭天熟献祝福》《祭天放生》《射箭打靶仪式》《破敌杀仇》等。四是祭胜利神（祭古代破敌获胜的远祖）。经籍有《祭胜利者》《献牲》《献饭》等。五是祭祖（以家户为主祭祀近祖）。经籍有《迎接迁徙者》《迎接胜利者》《向祖先求福泽》《杀猛鬼》《破敌杀仇》等。六是祭畜神和五谷神。经籍有《祭畜神》《祭五谷神》《给畜神献饭献牲》《给畜神喂盐巴水》等。七是求寿岁。经籍有《求长寿》《求寿建"署"之塔》《求寿竖神幡》《求寿送神》《含英巴达神树的来历》《正铮含鲁美神石的来历》《求威灵》《迎接神鸟"修曲"》《送偷命鬼面偶》等九十多种。八是祭星。经籍有《祭二十八宿》《请星宿吃饭》《抬

有"世界上唯一活着的象形文字"之誉的纳西族东巴经

星》《送星》等。

(4) 占卜类经籍

东巴古籍中记载的占卜方法有占星、羊骨卜、海贝卜、巴格卜（青蛙雌雄五行卜）、流年卜（根据地震、打雷、日蚀、月蚀等自然现象，预测当年时运好坏的占卜方法）。用于此类占卜仪式的经籍有《羊骨卜》《巴格卜》《海贝卜》《推算凶星卜》《地震卜》《流年卜》《和婚择吉卜》《日蚀、月蚀卜》《打雷卜》《九宫卜》《寻人卜》等16种。

(5) 东巴舞蹈类经籍

东巴进行的开丧、超度、祭风、祭什罗、祭拉姆、祭胜利者、祭工匠、求寿、除秽等等仪式，都要跳祭舞，迎神镇鬼。在东巴经籍中，也就产生了一类用图画象形文字书写的称为"磋模"的舞谱，一共记录了动物舞、工匠舞、神舞、灯舞、花舞、法杖舞、弓箭舞等四十多种不同的舞种。[1]

(6) 应用性文献

除了上述宗教典籍外，东巴教中还有一类用东巴象形文字书写的应用性文献，按其种类可以分为医书、账本、契约、歌本、书信、日记、文书、对联等。这些非宗教用途的文献，过去曾在纳西族民间流行，与宗教用途的经书不同的特点之一是逐字写出，比宗教经书常常只记录关键词句，几个字便代表一句话或多句话、使人费解的书写方式不同，这是东巴文字走出宗教神坛而走向民间后日渐形成的结果。

---

[1] 参看和发源：《东巴古籍的类别及其主题》，载《东巴文化论》，云南人民出版社1991年版。

二、东巴文化中的艺术世界

笔者多年来跋涉于东巴教的文化迷宫中,神思玄想在"纳西古王国"的鬼神人世界,在这思想的漫游中,心灵常常被一道道神异的光芒照亮。这光芒不仅来自东巴教那神秘、深奥而又古朴的宗教思辨和哲理深义,它也来自东巴文化中的那一座光芒四射的文学艺术殿堂。东巴教中固然有很多与大千世界鬼神天地对话的玄秘教理奥义,但更多的是充满情趣魅力的神话、传说、故事、诗歌、绘画、音乐等。它们形成一座闪烁着奇光异彩的东巴文化艺术之宫,它如同暮色晨光、霜秋月明中玉龙雪山顶那一片美丽纯净的云霞和那一派清虚纯然之气,使人进入一个清幽明丽而又古色古香的幻化灵界。

东巴教中的艺术之苑,是一个云霞明灭,饱蕴山之灵、水之魂的世界。

1. 竹笔清风

横断山脉的崇山峻岭中,苍松翠柏掩映着青青幽篁,竹影婆娑,尽得天地雪域之精魂灵气。竹子是东巴教中的一个具有重要象征意义的"文化符号"。生命神、畜神、谷神居住的竹篓,祭天用的神米竹篓,驱鬼的竹杈"曼开才"等法器,无一不是用山中的青竹制成。东巴口诵经和民间歌调中都有古老的"采竹之歌",详述在山野林间找好竹子做各种通神之器的过程。

东巴用这饮风吸露的青竹削制成笔。这种笔在纳西语中称为"梦奔",长约20厘米,宽约1厘米,用刀将一端削成尖锥形,在尖锥顶上刻出一条长约2厘米的裂口,使墨水从中流注而出。过去,东巴在用它写经作画之前,要净手焚香,清心涤虑,呼唤神灵保佑其写出好

著名东巴书法高手和世俊所书写的东巴经（丽江东巴文化研究院藏）

字，画出好画。一派庄严圣洁中，笔下流泻出万卷秘籍，丹青神韵。

东巴文化中的绘画大致可以分为竹笔画、纸牌画、木牌画和布卷画。

竹笔画主要指用尖头竹笔所绘的东巴经图画，包括经书封面装帧、经书扉页画、题图、插图、各种图画符号和画稿。用竹笔写成的东巴经本身由图画文字和象形文字两种混合写成，也有突出的绘画特点，是典型的反映了"书画同源"的艺术珍品，一卷卷经书可说是一册册书画。有的经书用红、黄、绿彩色添绘，黑色的象形文字与单纯明丽的色彩交相辉映，有一种儿童画般的稚拙之美。

东巴经封面形式分横本横写和直本横书两种，均在封面正中画出长方形画框，框内书写经书所属仪式和本书书名。框外多画法轮、宝伞、净水瓶、如意结、法螺、莲花、双鱼、宝珠等宗教图案，缀饰以云霓花草、水波等。有白描，也有彩色，彩色用嫩松果尖或毛笔平涂，色调明亮而谐和。

东巴经的扉页和题图也是竹笔画的重要构成部分。一般绘的是经书中的神或人主角，如《创世纪》的扉页多绘男女主人公——纳西始祖崇仁利恩和衬红褒白命；《鲁般鲁饶》绘殉情的男女主人公开美久命金和朱补羽勒盘。有的则画一个神明东巴（即半神半人性质的东巴）或为人祈神送鬼、超度亡灵等的东巴祭司形象。扉页和题图画一般都着色。

这是记载在东巴经中的纳西人最早的殉情长诗《鲁般鲁饶》（青年牧人殉情的故事）的封面。左边是为殉情者举行超度亡灵仪式中所用的祭风树（风流树），图中可见一个要去殉情的年轻人正走在赴死之路上（摄于1993年）

最能集中体现竹笔画风格的是东巴经中的画谱部分。画谱在纳西语中叫"扩奔"。"扩"指木牌画，"奔"意为"古谱"，"扩奔"即是"木牌画画谱"之意，相当于东巴初学绘画的课本，同时也用为在东巴教仪式准备过程中制作木牌画的蓝本或参考范本。画谱外形一般略大于东巴经书，所用纸张亦与东巴经相同，按内容可以分为可供通用的综合性画谱和单一性画谱，后者是某一仪式的专用画谱，有以墨素描的画谱，也有色彩富丽的着色画谱。从画谱"扩奔"一词的纳西语本义可以看出它是木牌画艺术发展的产物。东巴教有数十个大大小小的仪式，每个仪式上都要用很多相应配套的木牌画，要画成百上千的鬼神精灵，奇禽异兽，对于初学者并非易事；且这些人神鬼和动物都是宗教圣典中的知名者，要有一个大体认同的形象。因此需要把这些形貌服饰特征各异的形象大体固定下来，分类注名，作为谱典传承，方便学习绘画。画谱一般多由世所公认、才艺超群的大东巴画成。一代代画艺精湛的东巴都首先从画谱开始临摹学习，但学到一定程度后，就不墨守成规，而是大胆创新，逐渐形成自己独特的风格，这就是如今所见的众多东巴画风格迥异、各具特色的原因。

清末著名东巴桑尼才所绘的"祭风"木排画谱，殉情鬼在野合（和志武收藏）

东巴画谱的内容十分丰富，包罗万象，内有各种神人鬼怪、鸟兽虫鱼、山水云霓、花草树木、日月星辰、衣冠服饰、狩猎游牧、吹弹歌舞、纺麻织布、砍伐拉车、骑马狩猎、男女恋情等，再现了纳西族的自然崇拜观念和丰富多彩的社会生活。竹笔所绘经卷画笔力劲健刚直，清新古朴，线条简练，粗细有致，棱角分明，其清朗风格有着一种青竹般的气韵。所绘的人神形貌古朴，和蔼可亲，透露出东巴教浓郁的人间气息。所绘飞禽走兽快笔勾划，流利舒展，形神毕肖，仅《马的来历》这本经书中就画有百多匹马，动态各异，形象壮硕，生气灵动，是原始图画与文学相结合的艺术杰作。

东巴画中的纸牌画指画在多层厚纸黏合而成的硬纸牌上的绘画。纸牌画分占卜纸牌画，主宰大自然的精灵"署"之画，以及东巴的五幅冠等。占卜纸牌画又分别与各种卜卦方法相对应，如看人的生辰八字的"左拉"卜，共有30块长方形的卜图，每一张图支配两年的运道，30张图即合六十花甲子之数。一种是"巴格"卜（青蛙雌雄五行卜），在一张绘着"金黄大蛙"和分居四方八面十二属相动物的图上依五行八卦之法占卜；另一种是抽图片卜，共有33张图片，每片上端系一棉线，届时如抽签一样求卜之人抽出，请东巴依据画面内容

31

中甸县（今香格里拉县）三坝乡白地村纳西族阮可人的东巴象形文卜牌（抽图片卜）（摄于1991年）

译解。占卜纸牌画将着色卜像内容画面诸如人神鬼或动物与单色象形文字融为一体，有的是图画与文字相互交叉于画面，如"左拉"卜即如此。而如"抽图片卜"则是把与卜卦有关的灵禽异兽、宗教吉祥物、卦像内容绘在纸牌上方，下面则全是象形文字的内容说明。

纸牌画用于各种东巴教仪式，画面约一市尺大小，用时用竹棍夹住画面，插在蔓菁、萝卜或洋芋上，可随仪式的程序移动。早期纸牌画多用竹笔画成，后来亦产生了用毛笔绘的纸牌画。内容有各种人面人体神、半人半兽神、奇禽怪兽、日月星辰、山川草木等，寓宗教的神秘性与大自然之美于一体，写实与夸张、变形诸艺术手法并用，字与画浑然一体。

2. 木牌古韵

在各种东巴教的仪式上，可以看到一个独特的宗教艺术奇观，名

32

东巴教纸牌画上所绘的创物主和人类始祖美利董主（右）与茨抓金姆，他们手持竹杖，身旁分别是象征吉祥的白鹿和白鹤，茨抓金姆还戴着纳西人传统的大耳环。他们白发长眉，布衣赤足，形貌苍古，简约的笔法中透出人物生动的气韵（摄于1989年）

目繁杂的各种祭坛上插着很多用松木制作，长25～40厘米，宽4～5厘米的木牌，上面绘着千姿百态、色彩斑斓的图画。在一些林木森森的水源处，也会看到这种环绕水源而插的木牌画。这是纳西山民用于祭祀司掌大自然之精灵"署"的，相传水源是他（她）们喜欢的栖息地之一。

木牌画是东巴文化中很古老独特的一种绘画艺术形式，纳西语称之为"扩标"。在古代，木牌用一种称为"梅"的树木制作，后来普遍用松木制作。用一种特制的古代割刨将木牌刨平后绘画。木牌分尖头形和平头形两种。尖头形木牌一般绘神灵和被认为是善的大自然精灵"署"、龙及其他精灵；平头形木牌画种种鬼怪，但也有用尖头木牌兼绘善神恶鬼的。木牌画用于东巴教的各种仪式，不同仪式都有相应配套的木牌画。如祭大自然之神"署"的"署古"仪式所用的木牌画主要是画各种"署"精灵。"署"这个相传是人类的兄弟的大自然之神是一个庞大的家族，有居住在东西南北中五方的"署"，他们的颜色分别与五方对应，如东方为白色，南方为绿色，西方为黑红或铜红色，北方为黄色，中为斑杂色；天上地下的"署"分别管辖着一个山的"署"，东巴经中称为"丁居丁资"，直译即"一山一首领"；管着一个山谷，称为"丁巴"的"署"；各种男性"署"和女性"署"首领，即东巴经中所称的"署欧斯沛"；长着各种野生动物头而有人的身子的"署"、人首蛇身的"署"、头戴五彩花卉或头有绿色灵蛇缠绕的"署"；此外还有被认为是邪恶的"署"鬼，东巴经中叫"署夺"，直译意是"傻署"。这些名目繁多，五颜六色，千姿百态的"署"精灵画在那木牌上，再加上那众多与"署"打交道的神灵，无疑构成了一个令人眼花缭乱的精灵世界，一片眩目的神秘色彩。

不仅纷繁复杂的鬼神世界反映在木牌画上，深重的人世悲欢也深深地铭刻在木牌画上。如用于超度殉情者的"哈拉里肯"仪式的木牌画多达五六十块，上面所绘的都是与过去席卷丽江各地纳西族的殉情悲剧有关的神人鬼怪，如纳西族青年普遍视为爱神的殉情鬼首领尤祖阿主夫妇、相传在银河和星辰中自缢殉情的天之女和地之女、相传第一个殉情的女子开美久命金、在高山草场上自缢殉情的牧羊小伙子、天与地之间骑着犀牛的殉情鬼女首领、骑红虎的东方殉情鬼女首领、骑着青龙的南方殉情鬼女首领、骑着水獭的北方的殉情鬼首领、用挤奶桶上的绳子自缢殉情的美丽女子、在高山云杉树上殉情的首领之女、用弓弦自缢殉情的首领之子、在高山牧场白毡房里自缢殉情的女子、后来成为"风鬼"和"风流女"首领的七个殉情女子等等，还有种种天上地下与人一样殉情的飞禽走兽等等。这些木牌画上所绘的殉情者骑着奇禽怪兽，身穿美丽的衣裳，头插五彩的"殉情之花"，在他们的周围是各种殉情的音乐媒介口弦、竹笛等；云霓星辰、白凤白云与他们相伴随……在这简朴的木片上渲染出一片奇谲变幻、瑰丽迷离的艺术形象和审美意象。

这种奇特的宗教木牌画历史悠久。据国内有的学者研究，纳西族木牌画与我国西北地区汉代遗址出土的人面型木牌有传承关系。这种西北出土的木牌在考古报告中称为"人面形木牌"、"木撅"或"杙"，1906~1908年斯坦因在敦煌汉代烽燧遗址中首次发现。1927~1934年，中国、瑞典合组的西北科学考察团发掘居延汉代遗址时，此物又有大量出土。20世纪70年代在居延出土的大量汉代简牍和文物中，亦有这种木牌。"人面形木牌"一般长20~25厘米、宽4~5厘米，多将一端削尖，另一端作平头或楔形头，其上用黑红两色绘一个"人面"形象，状极狰狞。这种木牌形状大小与东巴教木牌画大体相

用于为殉情者举行的"哈拉里肯"（祭风）仪式的木牌画（摄于1990年）

同,亦是用于插地祭祀,只是就所绘内容而言,"人面形木牌"比东巴教木牌要简单得多。敦煌与居延等地自古就属于古羌人活动范围,木牌画鬼神插地祭祀之俗,原应是羌人的古俗,作为古羌人后裔的纳西族沿袭了这种古俗。① 人面形木牌上只用黑红二色绘各种奇形怪状的鬼神面孔,而东巴木牌画上的内容则丰富而复杂,集各种神灵鬼怪、人物和大自然事象于一体。有的还以象形文表明其内容,鬼神形象绘得比较细致,可见东巴木牌画是在古羌人木牌画的基础上发展变化了的宗教绘画形式。东巴象形文在东巴教和纳西族民间都称为"斯究鲁究",即"木头和石头上的痕记"或"木之记录,石之记录",这也意味着石上的画和符号(诸如崖画)和木牌上的画和符号可能是纳西族最古老的文字表现形式。

笔者在国外一些研究本教的书籍,诸如德国霍夫曼(Hoffmann,H)的《西藏本教历史概要》和杜奇(Tucci,G)的《西藏宗教》等书籍中发现藏族本教的仪式上也使用一种尖头形木牌画,上面绘有神灵和其他图案。本教与纳西东巴教有密切的关系,而且二者都与古羌人的宗教文化有关。在敦煌出土的反映藏族前佛教本土文化的吐蕃文书中也发现了与东巴经内容极其相似的内容。这些都可以作为敦煌等地出土的"人面形木牌"与东巴教木牌的渊源关系的佐证资料。从这种古老而神秘的木牌画中,可以听得到来自遥远过去的一支苍茫古歌,这支歌的宗教历史文化内涵是意义深广的。东巴教的木牌画多用矿物质或植物制作的红、黄、蓝等色彩涂色,平顶木牌画则不用彩色。早期的木牌画可能如人面形木牌形木牌画一样只用简单的颜色或不着色,用东巴传统的自制竹笔绘成。绘木牌画时,先用炭条或毛笔在木牌画上线描造型,然后再涂上色彩。东巴教有专门的木牌画稿本,有画谱和范本性质,供初学者使用。但画技娴熟的东巴作画时不

---

① 汪宁生:《纳西族源于羌人之新证》,载《思想战线》,1981年第5期。

打草稿，用粗犷的墨线描绘，一气呵成，着色时也快捷简约。所绘的神人兽形貌古怪，造型奇特，但神态表情十分生动，极有灵气；线条粗犷豪放，自然流畅，着色鲜艳但艳而不浮，有明快稚拙之美。

上述木牌画、纸牌画、竹笔画是极具纳西族原始艺术风格特点的绘画，它们显露出一种朴质古奥、粗犷率真、自然朴野的风格，信笔画来，不加雕琢，如行云流水般舒展流畅，用笔大刀阔斧，简约爽快，色彩也单纯明丽。神、人、动物的造型不刻意求真，运用夸张、变形等手法，突出特征，在自然流利的造型中透出灵气韵味，画面上原始宗教的意识观念与民俗人情味相互交融，既有怪诞奇特，洋溢着玄思妙想的人神形象，也洋溢着平和稚拙、单纯明快的民间气息。

3. 布卷画与"神路图"

除了用植物自制的毛纸和宗教仪式木牌上的艺术世界，东巴文化的丹青之奇还体现在一种独特的布画上。

布画指画在麻布卷轴上的各种神像画，东巴举行仪式时挂在临时设置的神坛正上方，每一仪式都有相应的神像卷轴画。卷轴画有长卷、多幅和独幅多种。多数神像卷轴可能是在元明之际发展起来的。卷轴画早期以麻布居多，后期的一些用土白布绘制。布卷画先经过用鹅卵石磨平、刷浆、涂粉等工序，用炭条起稿，然后涂以颜料，再用毛笔墨线勾勒。每幅卷轴画主要画一尊神祇，他们中有东巴教三尊"最大之神"萨英瓦登、依古阿格和恒迪窝盘，有东巴教祖师东巴什罗、九头护法神恒依根空、镇压殉情鬼的四头神卡冉、镇压无头鬼（凶死鬼）的神明东巴辽久敬究、狮子头护法神优麻、鹰头护法神多格，帮助平息人与自然神争端的神鸟"修曲"（大鹏鸟），以及畜神、谷神、药神等。卷轴画上主神的周遭绘着与其相关的神界和其他神祇、祭司、灵禽异兽以及各种宗教吉祥符号。

卷轴画中还有一些装饰性的动物画卷，如卫护神门的红虎和白牦牛、二龙抱珠等。这些神兽画挂在东巴教仪式神坛的前方，表示由它们守护着神坛。

神像轴画在形式上受藏传佛教"唐卡"画的影响，不少神祇绘如藏传佛教神佛那样坐于莲花座上，头部背后有圆形光环。色彩艳丽多变，有的还勾勒以金线银线，使画面显得富丽。人物造型趋于准确，细腻的笔法随处可见，特别是晚期的卷轴画精工细描，构图紧凑，造型严谨，色调明丽，技巧十分娴熟，画面讲究对称、均衡，给人以优美的审美愉悦。

卷轴画虽受"唐卡"画风影响，但二者仍有重大区别。东巴传统的粗犷古拙画风与后起的细致工笔画风有机地融汇一起，精细的描绘中不时浪荡着自然飞扬的笔法，一看就与富丽精工、纤巧细腻的"唐卡"画迥然有别。特别在较早的卷轴画中，东巴画那单纯明快、粗犷拙稚、重在写意的画风更为明显。一些东巴教神跣足散发，衣帻飘飞，狂态毕现，放任情性之风致溢出画面，毫无那些凝神合掌、端坐莲台的神祇的拘束之

东巴教卷轴画：东巴教保护神之一的左体优麻的坐骑是一只红虎

状。一些飞禽走兽笔法细致，造型逼真；一些则快笔勾勒，看似比例不匀，但自有一种生动传神的气韵。

从卷轴画中不仅可以看出东巴画发展的艺术轨迹，而且也可以窥见东巴教神灵观念在藏传佛教的影响下变异发展的迹象。在前述木牌画、竹笔画与纸牌画中，所绘神灵形象质朴自然，衣饰神态都具有人的浓郁气息。而在卷轴画中，很多神的形象渐渐落入方面垂耳、盘腿打坐的藏传佛教神像模式，有的保护神绘得狰狞可畏，有使人可望而不可即之感，失却了早期东巴绘画中神人一体的原始气息。这些都反映了本教和藏传佛教神灵观对东巴教的影响。但传统粗犷的画风与"唐卡"画精细画风的有机结合则又使东巴画形成一种新的风格，即粗细有致，疏密相间，原始宗教的山野蛮荒气息与藏传佛教典雅细腻，远离红尘的神气氛围交互相融，使东巴卷轴画透出一种独特的艺术气质。

布画中的煌煌杰作是"神路图"。"神路图"的纳西语原名叫"亨日皮"。"亨"意为"神"；"日"意为"路"；"皮"一词，丽江鲁甸乡老东巴和开祥解之为"评断"，美国学者洛克（J. F. Rock）译为"裁决"、"判定"。"亨日皮"意为东巴为死者评断指点往神地去之路，即为亡灵排难解忧，把他（她）从鬼地（地狱）的煎熬中解脱超度出来，在人类之地转生为人，或送至神灵之地。

关于纳西族"神路图"的来龙去脉，国内外学术界尚无系统的研究。纳西族有这样的习俗，当一个人死于远方，亲属在家乡为他举行的丧仪时，用很长的一条白色麻布，孝子孝女排成单行，每个人将它顶在头上，跟在灵柩后面，这象征一条魂路和桥梁，人们祈求死者之魂从去世的地方赶回来参与丧仪，随着这条麻布"魂路"回归祖先之地。云南香格里拉县白地村纳西族至今仍用一块长5~8尺、宽4尺的麻布盖在死者身上，象征通往神地的桥。有些地方的纳西族将长长的麻布或绳子一头拴在灵柩上，一头拴在驮载死者亡灵的马上，象征"引渡灵魂之桥"；在为生者招魂的一些东巴教仪式上，麻布也象征引渡灵魂的桥梁。白族也有类似的习俗，在丧仪中，孝子孝女们身背一匹很长的白布，背朝前，面朝后面的棺材，双手拄着哭丧棍，倒退着走。白布前端由引魂幡牵着，后端拴在棺材上，有引领死者前行之意。孝子孝孙们则在白布下面对死者一步一磕头，一直走到山神庙前，才解下白布。

笔者于1998年4月赴瑞士苏黎世大学讲学，看到该大学民族学博物馆馆长、人类学系教授奥皮茨（Micheal Oppitz）所拍摄的一部著名记录片，内容反映的是尼泊尔马嘉人（Magar）的各种宗教活动，其中就看到与上述纳西族人头顶麻布"魂路"完全相同的丧仪。笔者与奥皮茨教授讨论这一现象，他说这种以长条麻布为"魂路"的宗教习俗流行于包括纳西族等古羌人后裔在内的喜马拉雅地区一些土著民族的"前佛教文化"中。他认为纳西族的"神路图"很有可能就是在这种长麻布"魂路"的形式上发展成为有宗教绘画内容的"魂路"。

"神路图"是一幅奇特的宗教绘画，其内容融东巴教神话、本教、藏传佛教、汉族神话、婆罗门教等教义于一体，是典型的多元文化相混融的煌煌巨制，有相当高的学术价值和艺术价值。

该画长15～20米，上绘鬼、神、人三界，有近400个人神鬼兽的形象。该画用于丧礼和超度亡灵仪式，东巴经中有描写"神路图"三界的《神路图经》，届时东巴要按图据经咏诵，根据死者的社会角色把亡灵从"鬼地"（地狱）引至人间或三十三个神地。该画文化内涵丰富，融纳西族本土宗教、传统伦理道德、阴阳五行观、藏传佛教等地狱、人间、神地"三界"观等内容于一体，其间还有源于印度婆罗门教的宗教观念。[①] 画中多奇禽怪兽，各有神秘的宗教内涵，各种人、神、鬼形象生动传神，慈眉善目端坐莲台的神，衣冠楚楚的神，袒胸露腹的神，凶神恶煞而好战的"哈马义"（阿修罗）神，摇铃击镲、

---

① 参看杨福泉：《生死绎影·魂路》，深圳海天出版社1999年版。

超度亡灵于苦海的东巴祭司，长着飞禽走兽之头而有人身、张牙舞爪地惩治罪人的鬼怪，挥木钯救人于罪孽之海的众女神，踢脚扬手翩跹起舞、为亡灵迎来吉祥的女神，长满奇花异草、神禽灵兽徜徉优游的神湖神山，种种点缀着画面的花鸟树木和宗教的吉祥符号，赤身裸体受各种磨难的种种罪人——在这些罪人中，特别绘有一些因乱砍山林、滥杀野兽、劈山炸石、污染水源、投机倒把、偷盗乱伦、造谣诽谤而在死后受万般苦楚的人，它反映了纳西族传统的伦理观和与大自然认兄弟、与之和睦相处的生命精神。

"神路图"（美国哈佛大学燕京学社藏）中所绘的神界七神山和七神湖的内容

"神路图"上有些内容与《西藏度亡经》（又名《中阴得度》）和藏传佛教"冥界审判图"的内容有很多相似之处，如宗教神职人员在举行法事时因有过错而受罚，冥界手持明镜观察亡灵生前善行和罪孽的鬼王、卵生、胎生、树生的投生方式等，对于研究《西藏度亡经》内容的文化源流有重要的学术价值。

从艺术特点看，"神路图"融汇了早期东巴传统的粗犷画风与后来发展的精绘风格，相得益彰。有的人物造型和花草、宗教符号等描绘得细致生动；有的鬼神人造型笔法粗犷豪放，极具浪漫自然的情调，原始艺术的平和浑朴气息仍处处可见，即使是众鬼怪的形象及地狱煎熬等图景，仍没有阴森恐怖之感，不似佛教的地狱图那样使人毛骨悚然，惨不忍睹。各种变形夸张的人、鬼、兽形象倒因其离奇古怪的形貌而有一种怪诞美的意味。有的神鬼形象则呈现出一种憨态可掬的朴实拙稚之态，受煎熬的罪人也无痛苦万状之容，啮咬罪人的兽类也无狰狞残忍的咄咄逼人之势，画中显现出一种单纯明快、浑朴率真的美。

"神路图"（丽江市博物馆藏）中反映亡灵被超度到人间，上面绘着十三盏酥油灯、十三个月亮、十三个神石等

4. 拙朴的雕塑

除了上述种种丹青之魅力，东巴文化中的雕塑艺术也是别有特色的。

东巴雕塑有面塑、泥偶、木偶和木雕。近年来还在丽江塔城古墓地发现了反映东巴舞、神鸟蝙蝠、送魂冥马等内容的石雕。[①] 泥塑和木雕是从面塑发展而来的。

面塑在东巴教中称"多玛",是用于各种东巴教仪式的献祭供品。早期的面塑用大麦面混合酥油和水捏制而成,后来也普遍用小麦面制作。有相应供奉给神、精灵和鬼的面塑。面塑的类型有神、神兽、神禽、神明东巴、人、鬼的偶像,以及神山、各种东巴祭器如净水瓶等,另外还有祭祀用牲之形状的面塑。面塑一般是一次性的,随用随捏。后来,有的东巴为方便计,用泥捏制这些仪式上必需的"多玛",这样可以使用多次,于是泥偶应运而生。随着泥偶的产生,木偶也逐渐出现,木偶一般是用来做东巴初学做面偶的仿效模型,有上述"画谱"的相似功能。在数十种东巴教仪式中,要用分别与之配套的众多面偶。在仪式中,象征神灵的面偶放置在神坛上,而象征鬼怪的面偶则放置于布置在地面上的"鬼寨"中。有的面塑和泥塑上还有纸旗、树枝等各有具体象征意义的装饰物。

面塑呈本色,因面粉的特点,捏制出的面塑线条柔和,视之有温软之感。泥塑较之面塑线条比较刚劲,其色泽和质感都给人一种古朴粗犷的印象。发展到木雕,其轮廓、线条都显得更有力度。上述三种形式都注重刻画头部和面部,身体四肢不加细致刻画,多为坐状。

东巴面塑、泥塑和木雕作品中最值得称道的是那些神和神人同体的偶像,作者造型时并不注重去刻画外形细部的逼真酷似,而是用整体写意的手法,如眼睛就是看似随意性的两个洞,嘴巴的轮廓也只是微张的一条开口,从局部看显得十分简单,但如果从整体看,整个造型给人一种活泼的表情神态,透出一种内在的生命精神。笔者曾观察过东巴制作面偶和泥偶的过程,他们在制作时是那样意态悠然,从容安祥,手指的动作十分麻利快捷,挥洒自如,并不精雕细琢。十指迅

---

① 杨福泉:《丽江县第一件东巴石雕文物的发现和考察记》,《云南文物》,1989年第26期。

捷动作之间，一个偶像旋即产生，完全是了然于心，一气呵成。它具有单纯明快的审美特点，单纯的符号效应又与作者审美心境的单纯朴实有密切联系。

用于东巴教仪式的泥偶，它们是东巴教各种精灵、神兽等的象征（摄于1990年）

这些神灵偶像的造型最突出的一个特点是自然浑朴，神态天真憨稚，普通平和，使人感到十分亲切，全无有些宗教中的神灵那种道貌岸然、威严神圣、高高在上的使人畏怖感，有的还呈现出一种滑稽的意味，极有稚趣与谐谑之美，使人观之忍俊不禁，莞尔而笑。这些偶像的世俗生活气息十分浓郁，造型也完全是照着山民村夫那种纯朴的气质格调创造而成的。当你面对着这种种神灵时，很少产生那种面对端然正襟危坐、高不可攀的"圣灵"产生的敬畏感和遥远的心灵距离，只觉得是面对着一群活生生的普通人，可与之同乐共欢，嘻笑言谈。这种艺术风格和审美情调是与东巴教的性质分不开的。通过这些神灵的形象，我们可以明显地看出东巴教浓重的人间味和民俗味。

5. 世上最早的象形文舞谱

音乐舞蹈始终是东巴教这一古老的民族宗教的悲欢与共的亲密伴侣。大量的纳西族传统古典舞蹈保留在东巴文化中。乐舞盛而奇物出，在东巴秘籍中发现了古老的象形文舞谱《蹉模》，它被中国舞蹈界誉为稀世国宝。《蹉模》用图画象形文字记录了东巴举行仪式时所跳的各种纳西族古代舞蹈。它不仅是国内少数民族古文字中迄今仅见的舞蹈专著，也是世界上用文字记录的最早舞谱。国外最早的舞谱是15世纪中叶保存下来的两份手稿；再早有古埃及人曾用象形文字记录的舞蹈，但并未流传下来。国内最早的舞谱有五代的《敦煌舞谱残卷》等，但都比较难懂，有的至今尚未破解。而东巴象形文舞谱则是一份系统、形象而又容易辨认的古代舞谱。[①] 东巴舞谱是包含舞谱、音乐、美术、宗教、文学等内容的综合性艺术典籍，近年来引起国内外学术界的高度重视。

东巴舞谱《蹉模》详细记录了纳西族古代乐舞的类别和跳法，既有自古以来本民族传统的舞蹈种类，主要是一些特定的动物舞，也有受藏族本教影响后引进的舞蹈种类，这主要是一些外来神祇舞，它把纳西族古代舞蹈综合为洋洋大观的古典舞蹈体系。在舞谱类型中，《蹉模》属于原始古朴的舞谱，它的功能主要是提供舞蹈的动作进程，对学跳东巴舞者起引导和帮助记忆的作用，比实际所跳的东巴舞要简单得多。只有把舞谱与东巴的口传心授相结合，才能学好东巴舞蹈，跳出它的神韵。

各地东巴舞谱中所记录的舞蹈种类主要是动物舞和神舞。综合起来看，动物舞中有蛙舞、白鹿舞、红虎舞、白牦牛舞、白羊舞、马舞、猴舞、鹤舞、鹰舞、蛇舞、狮舞、龙舞以及豹子、豪猪、神鸟、孔雀、大象舞等，这些动物或为东巴教神祇的坐骑，或为与纳西文化有特殊的内在联系的神禽异兽，如金黄大蛙是神话中生出纳西雌雄五行八卦的神异动物。蛙与蛇是大自然之精灵"署"的主要象征物和它管辖的所有野生动物的代表，象形文的"署"之形象是一个蛙头、蛇尾、人身的精灵；虎与猴是纳西族的图腾动物，纳西族将其视为自己的祖先；虎与牦牛是纳西族的"门神"和东巴教祭坛的守护神兽，是纳西族视为卫护人神的神异之兽，骁勇威猛的象征，东巴经中说武士之勇源于老虎与牦牛；马是驮人的灵魂去祖先之地的脚力；白鹤是吉祥鸟，为人的爱情婚姻牵线搭桥，相传纳西族第一对始祖崇仁利恩和衬红褒白命的爱情就是由白鹤促成的，因此纳西族民间又称为爱情婚

---

① 胡克：《纳西族跳神舞蹈考察简记》，载丽江东巴文化研究所编《东巴文化研究资料汇编》（之一），1985年5月。

姻穿针引线者为"白鹤媒人";鹰是保护纳西人的灵禽;白鹿常伴随在人类始祖美利董主的身边;绶带鸟从鬼海中救出东巴教主丁巴什罗。

舞谱中所记载的神舞种类亦多,根据东巴教仪式跳相应的舞,如

东巴图画象形文舞谱《蹉模》的封面和首页

在祭大自然主宰"署"精灵的仪式上跳"署"舞,为情死和非正常死亡者举行的祭风仪式上跳四头十二眼的"卡日"神舞,在放替身消灾仪式上跳九首十六臂神"恒衣根空"舞,压凶死鬼时跳郎久敬久舞。神舞中最重要的有三尊大神舞,即萨利瓦德、英古阿格、恒丁窝盘舞;其次为东巴教祖师丁巴什罗舞,宁蒗县油米村还有东巴教第二祖师阿明什罗舞、五方神明东巴舞;其他还有龙狮鹏三位一体神舞、玛米巴罗山神舞、手擎曼陀罗的塔拉明布神舞、拉姆女神舞、各种护法神舞等。

东巴舞谱《蹉模》中还讲到人类的舞蹈起源于人学青蛙跳步,"人类是受金色大蛙跳跃的启示而创造出舞蹈的",反映了古代"艺术摹拟自然"的朴实美学文艺观念;而有的舞谱中又说这个神秘青蛙的舞蹈则是从天上掌握着卜法和卜书的女神巫盘祖萨美那儿学来的,这样又把舞蹈艺术的起源归结于神巫。《说文》中说:"巫,祝也。女能事无形,以舞降神者也。"《书经》记述:"敢有恒舞于宫,酣歌于室。时谓巫风。疏曰:"'巫以歌舞事神,故歌舞为巫觋之风俗也。'"这些记述都反映了古代中国不同民族巫与舞之间的密切关系。前述两种并存于东巴舞谱的舞蹈起源论对于研究人类的舞蹈起源都有很高的学术价值。

6. 与鬼神同舞

东巴舞是东巴在各种宗教仪式中跳的舞蹈,是东巴通神娱神、镇鬼祛恶的重要手段,其艺术审美性蕴涵于宗教的神圣功能和意识之中。东巴舞蹈名目繁多,主要的舞蹈种类是动物舞、神舞、战争舞、器物舞等,仅动物舞就有近二十种。动物舞中模拟动物的动作比较多,但又有艺术上的提炼升华。舞蹈中的舞谱语汇多取自狩猎游牧生活,有浓郁的古代社会生活气息。有的舞蹈本身就源于社会生活内容,如战争舞。

神舞中有表现神与人经历的一些事迹,塑造神(人)的威猛不凡形象,如丁巴世罗舞,而更多的是表现神的超凡法力。在跳神舞时,暗含神之对立面鬼存在于斗鬼的舞蹈动作中,使人心领神会。近代有的东巴突破了鬼舞隐而不见的表演传统,增加了鬼的角色,鬼神直接对阵。神舞中因有斗鬼镇鬼内容,舞蹈刚健有力,节奏分明,动作多变,气氛热烈。

战争舞在纳西语中称为"高蹉",意为"胜利舞",可能是源于古代战士出征和祝捷的乐舞。该舞蹈后来一般在武官或有武功之人及其男性后裔死后才跳。战争舞有刀舞、利剑舞、叉舞、矛舞、戟舞、弓弩舞、造刀造矛舞、短斧舞、护法神擒敌舞、杀鬼舞等。东巴跳上述舞时,头戴插雉尾铁冠的盔帽,身穿铠甲(近代多用布画甲胄),手执单刀、双刀或矛叉弓弩,舞时对打场面很多,舞刀挥剑,扬弓射矢,投叉飞矛,呐喊腾跃,追撑冲杀,并有对空掷剑与相互交叉掷剑等动作,表现对垒搏杀、闯敌关、捣敌穴等内容,其中还有念咒、以手捞油锅等巫术动作,再现了古代战争丰富复杂的内容和激烈的场面。

器物舞分乐器舞和法器舞,其内容包括板铃舞、板鼓舞、铜锣舞、碰铃舞、螺号舞、琵琶舞、鼓吹乐舞、灯舞、花舞、灯花舞、火把舞、鹰翎舞、鹰爪舞、雉翎舞等。这类舞蹈有的流传至今,有的只见于古代。

东巴舞保持了早期氏族部落群体舞蹈的特征，几乎所有的东巴舞都是集体舞，这是远古人类群体行动的生产生活方式和整体观念在舞蹈艺术形式中的反映。

东巴舞在不少方面保留了歌、舞、诗三位一体的舞蹈形式。在不少舞蹈中，东巴边唱边舞，咏诵韵文体的东巴经，并以舞蹈动作叙述故事。如东巴在跳丁巴世罗舞时，以特定的舞蹈动作演示他的生涯，如从母腋下诞生，学习走路，诱女怪同居而杀之，误陷鬼海，绶带鸟与众弟子齐心相救等。这些舞蹈中混有戏剧因素，可视为舞剧的雏型。①

基于模拟自然的艺术观，东巴舞是自然美与形式美融为一体的舞蹈形式。东巴舞的风格具有原始舞蹈的清新自然，真实质朴，这一点尤其体现在众多的动物舞中。东巴用舞蹈动作把各种动物的举手投足、动态神情、性格特色再现得十分出色。除真实模拟的舞蹈动作外，东巴舞中也有不少经过艺术提炼，重在象征表现的动作，以表现丰富复杂的舞蹈内容。这些舞蹈都有自然朴实、清新流畅的风格。东巴舞还具有突出的形式美感，在队伍的编排上，大多数东巴舞已脱离原始宗教舞蹈中手拉手、搭肩、勾腰的圆圈舞形式，更多出现的队形是横排、竖排、穿花等；在队形和动作的编排上已特别注意平衡和对称，舞时有左必有右，有前必有后，有进必有退，有屈必有伸，有齐舞、对称舞、"多声部"舞（即舞者在同一音乐节奏下做不同的动作，但整体上又很和谐统一）②；在造型上有高低、前后、左右等对称形式，具有对称和谐的美感。

东巴舞依不同的舞蹈内容形成了多样性的风格。有的舞姿舒展轻

---

① 参看吴宝兰：《历史的行履》，载《丽江志苑·东巴文化资料专辑》，1989年第6期。

② 参看吴宝兰：《历史的行履》，载《丽江志苑·东巴文化资料专辑》，1989年第6期。

捷，意态从容；有的舞姿粗犷凌厉，刚劲雄健，野性十足。舞蹈动作重节奏与力度，从中透出庄严威猛的气概。如战争舞内容丰富复杂、场面激烈；火把舞、铜锣舞气势凌厉，弥漫着浓烈的巫风。有的舞蹈则轻捷舒张，如多在东巴妻子死后举行

东巴教神路图中所绘的东巴舞蹈画面

的祭拉姆女神仪式上跳的灯花舞以柔婉典雅见长，以灯光象征前程光明，生活康宁，花象征吉祥如意和旺盛的生命力，通过甩花、转花等柔曼轻盈的舞蹈动作，灯与花的交相辉映，呈现出一派色彩缤纷、婉曼柔美的丰采。

东巴舞的整体舞蹈中饱蕴着原始宗教的神秘气氛和浓郁的巫风，但又时时流露出清新亲切的生产生活情调意趣和民俗味。东巴舞经过不同时期不断的加工美化，已变成使用于宗教仪式的艺术系列，具有较严格的规范性，有舞谱、舞制与程式，对表演者、习舞者都有一套沿袭下来的规范要求，但各地东巴在比较统一的规范下又保持了各自的独特风格。

东巴舞是舞蹈艺苑中的奇葩。有的舞蹈研究者认为，东巴舞蹈是一部活的舞蹈发展史。从其形态上看，很多舞种处于从原始宗教舞蹈向人为宗教舞蹈的过渡时期，它为我们研究不同宗教形态的舞蹈特征提供了不可多得的形象资料。[1]

---

[1] 吴宝兰：《历史的行履》，载《丽江志苑·东巴文化资料专辑》，1989年第6期。

除了上述记载于东巴舞谱《蹉模》中的舞蹈之外,在东巴的口诵经中还记载了一些流行于民间的相当古老的舞蹈,"热美蹉"就是其中突出的一种。

丽江大东、宝山一带的纳西族中有一种在丧葬仪式上唱跳的歌舞形式"热美蹉"。"热美"是一种精灵,亦雌亦雄,"蹉"意为"跳"和"跳舞"。东巴口诵经"热美蹉"中说:在纳西祖先梅生和狄都塔之世,人们射杀了白鹿,从白鹿腐烂的尸首中生出了蛆,从这蛆中生出白卵,白卵中生出了"热美"这种会飞的精灵。当时人们尚未学会处理尸体,因此,"热美"这种精灵便来吸食死者的血和肉,人们在惊慌失措中群起跳跃吼叫,从此形成了"热美蹉"这个舞蹈。据宣科先生研究,现存大东乡的"热美蹉"的"音线条"还远未进化到稳定的、理想的音乐形态,它的男声部还保存了念咒般的呼喊声,这是早期跳此舞者驱鬼时发自本能的呼喊声的遗存,女声则都模仿羊的叫声。它至今排斥一切乐器,包括拍手,反映了"声乐先于器乐","混唱先于齐唱"的音乐发展轨迹,从这个变异甚少的舞蹈看,堪称"活的音乐化石"。宣科先生还通过研究"热美蹉",提出了在音乐学术界有较大影响的"音乐起源于恐惧"之说。[①] 笔者觉得人类的音乐和文学一样,可能其起源是多元的,原始人的喜怒哀乐、悲欢离合、劳动祭神、驱鬼打仗等情绪和行为都可能会付诸不同方式的呼喊跳跃,"歌之舞之,足之蹈之",然后逐渐形成各种各样的歌舞。但"热美蹉"至少反映了有的音乐歌舞是"起源于恐惧"的,音乐舞蹈不仅仅如以前的定论所说只"起源于劳动"。

7. 远山天籁之音

东巴经都是以奇数写成的诗体文学,而这些作品又都是用特定的

---

① 参看宣科:《对〈热美蹉的来历经〉的讨论》,载《丽江志苑·东巴文化资料专辑》,1989年第6期。

曲调诵唱而成，因此音乐是东巴艺术的有声部分。东巴音乐分为声乐和器乐两部分。东巴声乐指东巴诵经时的吟唱念咏。东巴教的仪式多达七八十种，每种仪式都有特定的吟诵曲调，每种大的仪式都有主要唱腔。每种大的仪式根据其内容有相应的风格，如祭天是歌颂先祖的伟业丰功和英雄精神，因此吟诵调比较深沉庄重；而祭风仪式主要超度殉情者之灵，叙述殉情者的悲情故事，雪山爱情灵界的美丽超凡，因此吟唱调有苍凉、悲婉、瑰丽而浪漫的突出特征；而在吟咏反映古代战争等的诗篇时，咏诵曲调则有如山涧急流般起伏跌宕，如雪原厉风的激越昂扬。东巴教仪式的咏诵过程即个人或集体的唱诵表演，不同的仪式有不同的诵经调，有的区别较大，有的比较接近。同一仪式中，唱法又以程序和经书内容的不同而有变化，而且，不同地区的吟唱各有自己基于民间音乐传统的特点风格。东巴唱曲约有三十种。

东巴的咏唱调以纳西族民间的传统曲调为基础，保留了纳西族古代民歌曲调的一些风格特点。照东巴们的说法，这些诵经调就是古代传下来的山歌。这种宗教音乐与山歌野调的交融是与东巴自幼受民间音乐熏陶，本身亦多是出色的民歌手这一点分不开的。就因为东巴生活在民间，对民间艺术相当娴熟，因此在民间歌舞的海洋中亦如鱼得水，悠游自如。在丧葬仪式上，东巴跳完《磋模》所载的东巴舞之后，还常常是大型纳西踏歌"哦仁仁"或"热美蹉"等的领舞领唱者。在民间各种节庆对歌场合，能与其他民间歌手对唱如流，而且由于东巴精通传统文化的各种典故逸闻、古谱古调，因此往往比民间歌手更胜一筹，因此纳西民间有"对歌调赢不了东巴"的谚语。东巴教仪式与纳西族民俗活动的密切关系，东巴既是宗教祭司又是民间歌手等特点，决定了东巴音乐与民间音乐水乳交融的关系。

东巴咏唱经典的曲调声气旺盛，音波悠长，声音嘹亮高亢，起伏迭宕，有沉洪深远的苍劲风格，听其咏唱宛如听人长声吟啸于空阔高远的朗月星空之下，高原林莽深谷之中。这种音波长、声气旺、音量大、长声吟啸的音乐风格与纳西族生产生活的地理环境有一定关系。

纳西族曾活动于宽阔的草原和林莽山峦、高山深谷，兼有游牧和山地农耕狩猎的生活方式，人们喜欢在高远辽阔的草场和山峦起伏的山野放声长歌，让声音传得很远很远，以便于呼唤同伴、畜群等。如今在纳西族地区的山野林莽听牧人和猎手歌唱，发声悠长洪亮，山鸣谷应。东巴象形文的"唱"字画一人张口放声长歌，一根波浪状的长线从口中延伸而出，表示歌声起伏有波，而且声音悠长。东巴经作品中常提到主人公在山野引吭高歌，山鸣谷应，回声不绝。东巴经和民间故事、歌谣中，常常提到歌声、呼喊声引起的"阿本露"即"回声"，并将它视为一种有神秘色彩的自然现象。东巴音调的上述特点反映了纳西族民间传统音乐气旺波长、长声歌吟的风格。

东巴沉洪深远的乐调配上所咏唱的诗体神话、史诗、传说的古老、神奇和美丽，显现出纳西先民虔诚神圣的原始信仰情感和人在大自然和社会的漫漫生涯中玄思遐想的心理轨迹和悲欢离合。听东巴咏唱，时而使人神凝意静，悠悠思古，时而使人情绪激越，心驰神飞。有的悲剧长诗，诸如著名的《鲁般鲁饶》，东巴咏唱时，忽而深沉凝重，忽而清越昂扬，把长诗的悲婉哀怨之情、浓烈的浪漫色彩表现得淋漓尽致。鲁甸乡老东巴和开祥是吟唱殉情长诗《鲁般鲁饶》的高手，他的歌吟有一种独特的苍凉深邃的风格，深沉凝重而又清越昂扬，把长诗的悲婉哀怨之情、浓烈的浪漫色彩表现得淋漓尽致。笔者多次在丽江听他吟唱此长歌，每次都被这种沉洪苍凉中透着一缕缕人生凄苦无常意味的调子所震撼，它所咏唱出的殉情男女主人公的悲剧故事具有一种深入神髓的悲剧感染力。

东巴乐器分打击、弹鸣和吹奏乐器。其中，打击乐器有大鼓"丹古"、手摇鼓"丹把辽"、板铃"展来"、铃"局汝"、锣"尔罗"；弹鸣乐器有口弦"扩阔"，但后因口弦多为殉情男女互诉衷情所用，并成为殉情的一种音乐媒介，引起东巴的忌禁，因而在祭殉情者等仪式上只挂不弹；吹奏乐器有笛（据杨德鋆先生调查，过去还有过鼻箫）、葫芦笙、白海螺"都盘富仁母科"、牦牛号角"板科"等。在近代，葫芦笙多用于群众歌舞而不用于东巴教仪式。弦鸣类乐器有琵琶、筝等，如今这两种乐器只见于民间而已不用于东巴教仪式，但东巴画中则所绘很多。在东巴古画《神路图》上还绘有一些未见于东巴经象形文的乐器，如气鸣类管乐：铓筒、长号、喇叭、唢呐等，演奏者身着纳西族古装，列队吹奏，为亡灵送行，看去似小型乐队。由此可知古代东巴乐器种类可能很多。这些铓筒、喇叭、唢呐等乐器在唐宋时期的西藏寺院壁画中也有存在。海螺和鼓也是唐代吐蕃乐器。西藏扎达古格王朝遗址红庙壁画有一似东巴手摇鼓的有柄手鼓[①]；本教祭司所用的手鼓也与东巴的手鼓十分相似，而且两教都有教祖和神明祭司可以骑这手鼓飞行空中的传说。

东巴教的有些乐器也保留了古羌人乐器的风格特征，如象形文"笛子"一字，多画三孔，这是上古时羌笛的特征。近代东巴举行仪式时，一般只使用板铃、手鼓、大鼓、锣、海螺、牛角号等，节奏单一，谱点简单，旋律性不强。与东巴经和东巴古画所体现的名目繁多的乐器类别相比，可能乐器的简单化是东巴教逐渐衰落的结果。

东巴音乐为古老的原始宗教音乐，它既有浓郁的人间味和人情味，大自然和人、神化的自然力和神化的人是它的咏唱对象；同时，那渺远不可解的长天大地、大千世界、神怪精灵等也是它的咏唱内容，其宛如发自大山深处的天籁之声的特点，一直保留至今。

[①] 西藏自治区文物管理委员会：《阿里地区古格王国调查记》，《文物》，1981年第11期。

三、农夫兼神巫

1. "人神使者"

书写了这数万卷被视为人类文化瑰宝的象形文经典的东巴们是些什么人呢？

笔者生长在丽江古城，虽也自小上山下乡，砍柴放牧，挖地运肥，插队当知青，与故乡山民野老有过共患难的日月，但真正开始认识故乡那些神秘的东巴，则是在笔者醉心于东巴文化研究之后的事。在这之前，对这些东巴先生完全是懵懵懂懂，知其人而不知其底蕴。在改革开放之前的漫长岁月中，他们被斥为"牛鬼蛇神"、封建社会的残渣余孽。听老人们悄悄地讲，他们是通晓天地人间鬼神万事的异人奇人，于是笔者在惊奇敬畏中就增加了一些狐疑和好奇，但在"大破四旧"的革命口号叫得人心惶惶的日子里，终究也没有想到要去探一探这些奇人的奥秘。

自从笔者走上了探索纳西古文化奇谜的道路，漫游高山大峡中的纳西村寨，开始与这些故乡的东巴老人交往，在他们的引导下神游"鬼域神界"，探秘纳西先民悠远古事和悲欢哀乐的人生，于是就逐渐与这些山野高人有了一份缘。

东巴是东巴教的祭司。"东巴"意为"智者"、"上师"、"大师"，纳西族东部方言区则多称为"达巴"。从东巴经所记载的神话、史诗中看，东巴的政治和社会地位在古代是很高的，他们是神人媒介，是部落酋长的军师参谋。在人们的心目中，他们知天晓地，善测祸福，能镇鬼驱邪，求吉祛灾，是非同寻常的灵异之人。因此，东巴教中有许多被神化了的东巴。到后来，随着纳西族社会不断受到外来政治体制、文化和宗教的影响，纳西族上层统治者对各种文化取舍态度的转变，东巴的政治地位日趋衰落，参与政事者日益减少，只是在劳动之余为人们祝吉祈福，请神送鬼，占卜治病。他们平时从事耕稼樵牧，是不脱产的农牧民，只是在受人所请时才举行法事，略得实物或现金报酬，但家庭收入主要是靠生产劳动。东巴没有自己的宗教组织——教会，无统一的教规教义，相互间没有统属和被统属的关系。学识渊博、精通众艺的东巴被尊称为大东巴，出类拔萃者被尊称为东巴王，但这仅仅是一种尊号，与诸如藏传佛教那样的教徒等级制不同。

东巴全是男子，其传承主要是家庭或亲族世袭制，父传子，子传孙，无子则传于侄。也有一些东巴是无东巴家世而投师学艺的。东巴生活在民众中，既受东巴教文化艺术的熏陶，也深受民间文化艺术的影响，因此博通东巴教典籍，也熟谙民情风俗，故事谣谚，有的还懂

东巴教祭司自称"本波"，而"东巴"是纳西族民间对祭司的称呼。图中是几个大东巴，从左至右：玉龙县鸣音乡的和积贵、大东乡的和士诚、鲁甸乡的和开祥。他们是翻译"纳西东巴古籍100卷"的功臣，如今他们都已去世（摄于1993年）

草医，真正集巫医学艺匠于一身，是具有多种技能的纳西族早期知识分子。很多东巴有十分惊人的记忆力，能凭记忆咏诵数百部经典。永宁等地的"达巴"无经书，但能快速地背诵洋洋洒洒的长卷口诵经。东巴的博闻强记固然与一些东巴的天资聪颖有关，但长年的刻苦学习训练是其主要成因。

东巴是纳西传统文化的大学问家，与东巴对话，常有进入幽深知识之林，目迷五径之感，问一个象形文古词，常常会引出一串长长的故事；问到某个典故，经常又引出很多其他陌生的掌故，使你有目不暇接、耳不胜闻的感受。丽江东巴文化研究所的学友们也常常感慨地与笔者谈起这一点。东巴们也喜欢"学术辩论"，讲经论典时常常各执一说，互不相让，争得面红耳赤是常有的事，有的东巴事后还会像小孩似的互不搭理三五天；这些白发老人对民族文化诠释的认真和执著是十分感人的。

纳西东部方言区本土宗教专家被称为"达巴"，"达巴"是"东巴"的异读。达巴无象形文字经书和如东巴那样有体系庞大而内容精细的祭仪，其性质更接近 Shaman（巫师）。达巴的口诵经很多。相传古时四川前所一个叫务布土格的纳日人达巴去"根主邦当"（今中甸白地）学经书，学成后将经书写在猪皮上带回，因途中肚子饿，便将猪皮烧吃了，因此达巴便没有经书。一说达巴去女神盘祖萨美处学得经文，写在牛皮上带回，但归途中因粮绝而把它吃了，因此无经书。多数达巴认为他们的祖师是"丁巴沙拉"（东巴教祖师丁巴什罗之异读），少数讲他们的祖师是"阿巴笃"（与纳西东巴教中的创物神和人类始祖神美利董阿普相似）。达巴所用的法器有和东巴一样的"展来"，是一个平形或微凹的金属铃，中间有铃槌，铃用青铜、金、银和铜的合金制成，还有一个大皮鼓。达巴的大多数仪式都在野外举行。达巴在举行仪式时，亦用木牌和面偶等物。也有将烧烫的鹅卵石放在手中念咒语赶鬼的巫术。达巴教是纳人（即现在普遍所称的"摩梭人"）古老的本土宗教，达巴是永宁纳人的巫师，与丽江、四川纳西人的祭司东巴是同源异流的纳西族本土宗教专家。由于长期以来文化和社会的变迁,特别是藏传佛教传入后,其信众越来越多,达巴教日益衰落。现在,在永宁坝要找到一两个像样的达巴,已经是相当困难的事。笔者于2001年5月到永宁调研,意外地在温泉行政村的瓦拉别村与两个达巴相遇,他们两个现在已经是永宁坝绝无仅有的达巴了。现在的永宁坝各个村落,虽然还举行着一些达巴教的仪式,但村子里尚有达巴的,据当地人说已经只有这个瓦拉别村了。

瓦拉别村有45户人家,357人,其中纳人为356人,占全村人口的99.71%。保留母系制家庭的有42户,是永宁坝母系制家庭和"走访婚"习俗保留得最完整的村子之一。

笔者在村子里拜访了两个巫师达巴,一个叫阿窝衣世拖迪,他是世代传承的达巴,高祖父拍米依短、曾祖父拍米纳吉、祖父拍米梭纳达久都是达巴。"拍米"是"斯日"(氏族)之名。据达巴讲,瓦拉别村共有三个"斯日"。达巴家庭因要实行父子相传的继承制,因此历来实行一夫一妻的结婚制。但有趣的是,到阿窝衣世拖迪,他现在仍

宁蒗县瓦拉别村纳人(摩梭人)达巴阿窝衣世拖迪(摄于2001年)

未结婚,而是在进行"走访婚"。村里另一个达巴叫鲁若德支坦史,35岁,他不是出生在达巴世家,但从小就跟阿窝衣世拖迪的祖父学做达巴。另外,据阿窝衣世拖迪说,现在有两个侄子正在向他学习达巴的知识,一个17岁,一个25岁。

拍米窝夫7岁就开始跟祖父学达巴的各种知识,已经在祖父的主持下举行了表示已成为可独立主持仪式的"直在"(加威灵)仪式。现在,温泉片(即行政村)的纳人请达巴做的仪式有下列几种:

农历五月初五是药节,村民请达巴到山上烧香祭山神。家家户户采集菖蒲、臭参、车前草等各种草药,熬汤药全家人喝,还将草药泡在大麦酒(苏里玛)里喝。

农历七月十五日是朝拜格姆女神的"转山节",达巴要到格姆山(狮子山)为村民念经。

"依补",这是一个祈福求吉的日子,在八月初三举行,各家各户轮流请达巴举行祭祖先、火神、畜神和山神的仪式。

八九月收庄稼、打谷和包谷入仓时,要请达巴举行祭谷神的仪式。现在村内只有少数的人家做这个仪式了。

"日丹",这是牧童节,时间在农历十一月。这天各家要请达巴举行仪式,祭山神、畜神;放牧的少年儿童会得到丰盛的食品,邀约起来到野外聚餐。

十月祭祖,这个月是瓦拉别村杀年猪祭祖的月份,各家各户在哪天杀猪,就在哪天祭祖。每家都要请达巴主持祭祖仪式。达巴届时将一片蔓菁放在猪牲的嘴里,为猪牲除秽,咏诵讲述猪之来历的经文。

农历十二月三十日,瓦拉别村要过一个叫"迪补"的节,内容是祭土地神,达巴为村民烧香祭土地神、山神,求人畜平安。届时,达巴要用炒过的包谷、麻子等祭土地神,将这些祭物在田地里到处撒一点,表示向土地神祭献贡品。家家户户还兴做一个大粑粑,有一种说法说这天祖先回来,他们会害羞,因此要做大粑粑,让祖先躲在粑粑后面。

达巴还给村民占卜，其中有看星相卜法，称之为"给利姆"。阿窝衣世拖迪珍藏着一本祖传的占卜书，有意义的是这本占卜书全是用象形文字写的，写在很旧的绵纸上。这就说明，学术界长期以来的传统说法，即达巴没有文字和不用文字书写的经书的说法是不确切的。

瓦拉别村的村民信仰达巴教，也信仰藏传佛教，这两种宗教交互地影响着村民的生产生活。现在村里有老喇嘛两人，小喇嘛十多人。人们也常常请喇嘛举行各种祈吉求福、禳解的仪式。特别在有人去世时，主人家就请达巴和喇嘛一起来举行送魂和超度的仪式，喇嘛在经堂念超度亡灵的经，而达巴则在母房（正房）火塘边念安魂经和送魂经，他的职责是要将死者的灵魂送回到远祖生活的"斯布阿纳瓦"，这个送魂的终点站与丽江等地纳西人的完全相同。

达巴阿窝衣世拖迪还带笔者去附近一个大草坪。这个大草坪叫库米乌，它与达巴教有密切的关系，是纳人传统的一个送魂路站所在地。据他讲，这个送魂路站是温泉片的村子和拉伯乡的纳人送魂的必经之路。阿窝衣世拖迪说，古时纳人的祖先迁徙来永宁坝时，就是从这里经过的，因此，人死后也要沿着祖先的来路回到祖地。

笔者访问了村里的几户人家，家家都有藏传佛教经堂，纳人语称之为"嘎拉日"。经堂一般设在楼上，神龛上油灯常明，油灯映照着一尊尊藏传佛教的神灵塑像和一幅幅唐卡神像卷轴画，洋溢着一片藏传佛教文化的气氛。而在象征家居中心的母房（正房）里，则另是一个处处充满着纳人本土信仰气氛的灵性空间。母房在纳人语中称为"日梅"，作为家居中心和信仰空间中心的火塘就在母房里。砌火塘时，就要在里面埋一个土罐或碗，里面放各种五谷杂粮、火镰、打火石、茶叶、盐巴等，象征家庭丰衣足食、五谷丰登、六畜兴旺、健康长寿、吉祥如意。火塘的正上方是火塘神阿依詹巴拉的神位。火塘边的座位有严格的规矩，正中间火塘锅庄石的右边是老祖母的座位，右边是舅舅阿乌的座位。火塘右边有女柱，左边有男柱。靠近男柱的一角是另一个神龛，称为"梭拖"，是祭祖的地方。纳人的很多带有浓郁的达巴教文化特色的生活礼仪都在火塘边举行，如表示少年男女成年的"穿裙子"、"穿裤子"礼仪，新火塘砌成后的生火礼，等等。

2. 俗世天才

东巴是神巫，人神媒介，但又多是能工巧匠，笔者在田野调查中所认识的不少东巴不仅会传统造纸术，做各种各样的法器和祭祀用品，还会木工活、石匠活、会盖房，做农具，编竹器。他们有很强的谋生能力，不是仅仅靠做东巴教法事来糊口的人，不是终日打坐念经，靠信徒施舍过日子的宗教职业者，他们耕樵渔牧，无所不做，是地道的农夫。

僻居山乡的东巴老人向笔者展示了一个故土文化的神奇世界，在田头地脚和火塘边听这些老人摆古，常常慑服于他们那种引经据典、口如悬河地讲古道今的智者气度和博厚恢宏的知识。他们随手翻开一册经书便能洋洋洒洒、抑扬顿挫地长吟曼唱，用三、五、七、九、十一这种奇数体长短句诗歌吟唱出一个个慑人心魄的故事，而你即使认识经书上满纸的象形文字，也难窥其中奥妙。原来，东巴书写经书的古规并非逐字逐句写出，而是一个诗句或写三五字或一二字，是一种帮助记忆的"语段文字"，主要经文则默记于心，这自然有实行父子传承制的东巴防范一般民众轻易知晓这种神圣经典的用意。东巴经典共有上千种，很多是叙事长诗，高明的东巴咏诵起经书来，如长河泻韵，风啸松涛，一发而不可收，那种非凡的记性，让人叹为观止。

东巴大都有杰出的艺术天赋，传统歌舞书画雕塑，无所不通，而且他们的竹笔书画和雕塑粗犷拙稚，浑然天成，后世艺术家模仿东巴歌舞书画者很多，但多显得灵巧有余而神韵风格难肖。著名美术史家李霖灿先生就慨叹过这种现代艺术家与东巴之间的艺术美学差距。

李霖灿在20世纪40年代深入纳西族地区，拜东巴为师学习东巴象形文。他起初因自己是堂堂国立艺专的学生，觉得向东巴学写几个东巴象形文那是易如反掌的事。他苦心学了多年，"自以为已经登堂

香格里拉县（原中甸县）三坝乡著名的大东巴习阿牛（右二）、和志本（左一）、习阿牛的小儿子（右一，也是东巴）和本书作者（左二）在一起探讨东巴教古籍和仪式（摄于1997年）

入室，而且甚至于有一点'青出于蓝'的沾沾自喜"。于是，有一天他问他的东巴老师多格："我写的象形文字好不好？"他满以为自己所写的这满篇漂亮的图画象形文字会受到多格老师的赞扬，可不料老师却简洁地说："不好！""为什么？""因为你家写得太巧！"李霖灿惊愕之下，又顿然觉悟，叹服东巴老师一语道出了他的毛病。在当代艺术高等学府严格地受过透视学、素描等训练的青年画家李霖灿，在学写纳西族的图画象形文字时，却未能将那种拙稚质朴、浑然天成的韵味丰采表现出来。他对此这样说："这是凿破混沌之后的一种悲哀，我俯首承认不讳。"从他对东巴艺术天赋的一番评论中也可看出这位艺术家那洞察民间艺术个中三昧的功力：

麽些族的巫师，大都是生活在山林野箐中的自然人，从来没有机会去接受正式素描的艺术训练,然而他们不需要什么训练,不需要什么传授,远取诸物,近取诸身,一经撷取,便惟妙惟肖,直臻大匠堂奥。怪不得有人说:艺术家是生成的而不是做成的(Artists are born not made)。麽些巫师中正有不少天生的大艺术家,只从线条的功力就可以证明无误。①

李霖灿所慨叹的这种现代艺术家与东巴之间的艺术美学差距,中国著名舞蹈家戴爱莲也有同感,她在20世纪80年代初以古稀之年万里迢迢到丽江学东巴舞,惊叹东巴跳舞时那种别人难以企及的神韵。笔者想,其中奥秘恐怕在于东巴具有那种深深置根于这块土地,与它血肉相连、浑然一体的独特艺术气质,或许这些东巴先生有着一种山峦林莽阻隔之下未泯灭其单纯天真的"孩童之心"吧。

很多东巴都是当地著名的民歌手,而且由于东巴精通传统文化的各种典故逸闻、古谱古调,因此往往比民间歌手更胜一筹。乡间的赛歌、对歌或赛叙古谱,鲜有能斗赢东巴的,因此,纳西民间有"对歌调赢不了东巴"的谚语。

东巴是"通神"的宗教圣徒,博通典籍和巫术祭祀卜卦,但他们也是人间烟火味很浓的凡夫俗子,他们像常人一样有七情六欲。在他们身上,既闪烁着灵界的神秘色彩,又洋溢着俗世的人生情趣。由于他们的知识、才艺和人生情趣,年轻的东巴过去常常成为热情奔放的纳西姑娘爱情之箭的目标。

俗世上普通人殉情的多,而通晓人神两界奥秘的宗教专家殉情的可能不多,更不用说那些看破红尘纷扰,心如止水,丝毫不为男女之情所动的高僧、修士、道师,很难想象他们会为凡间男女孽情而殉身。但使笔者惊奇的是,纳西古王国的祭司东巴,虽然是通晓象形文

---

① 李霖灿:《麽些经典的艺术论》,载《麽些研究论文集》。

圣典的智者，奔走于人、鬼、神三界的神巫，却也是人间的痴情汉，他们会毫不犹豫地为情侣而殉身，丝毫不惧怕成为风中的情死鬼、野外的游魂，不怕不能回到他们的祖师东巴什罗所居住的十八层天，不怕灵魂不能回到北方的祖先之地。在过去被称为"殉情之都"的丽江，东巴中也有不少为爱而殉情者。笔者在山野听到过不少年轻的东巴与情侣因未能成婚而一起殉情的故事，也有殉情未遂的东巴，或最终与情侣结成良缘的东巴。鲁甸乡有个远近闻名的大东巴，才艺超群，从者如云。这位东巴大师为逃避包办婚姻，在二十七八岁时曾与自己的情人相约殉情，特地在深山里找了一棵东巴多用于祈神祭鬼仪式的大杜鹃树作为"游孜"（殉情之树），但当这对情侣双双上吊时，这棵杜鹃树却倒下来。这个东巴认为自己未死是神的旨意，因此不再殉情，因此纳西古王国的东巴文明之苑中才流传下这个杰出东巴大师所书的一份天才经典。

大东乡展短村老东巴东玉才是丽江数一数二的熟谙东巴经籍和纳西传统民俗的大师。笔者与他交往多年。东玉才老人才4岁时，他的父亲就与一女子殉情，死时25岁。母亲怀着一个孩子（当地人称这种遗腹子为"补尺若"）改嫁别人。他不是东巴世家出身，他有个小伙伴，是本村一个大东巴的儿子，从小在一起玩，耳濡目染一些东巴知识，因天资聪颖而为这位大东巴所喜欢，收之为徒弟，倾其所学教授他。东玉才18岁时就能咏唱不少经书，会做不少仪式。又因相貌英俊，博得不少姑娘的欢心，应邀到别的村做法事，常为热情的姑娘所追逐。后来在一次跳传统歌舞"仁美蹉"中，他认识了一个姑娘，两人一见倾心，互送手镯、戒指定情。但这女子从小已被父母许给了一个富户的儿子，那富户的儿子长得丑陋，她不愿嫁给他。东玉才和女子两人深深相爱，情意缠绵，女子有了身孕，但他们无法结为夫妻，便决定殉情，并约好了殉情的日期。他们的计划被女方家属觉察，女子被死死看住，并尽快把她打发出嫁了事，二人殉情未果。

东玉才有个舅舅，在20多岁时就已是一个远近有名的出色东巴，因不满于家庭为自己定下的亲事，在尚未结婚时便与自己平素相好的情侣在本村附近叫"展短居"的一座山上一起自缢殉情。东玉才的妻子有个表哥，是个出色的东巴，尚未婚配，有个"本支玛"村里姿容出众的女子看上了他。这个女子已婚，但她与包办成婚的丈夫无感情，且丈夫貌丑，女子不喜欢他。后来这女子与那个东巴小伙子相好，在"展短居"山上自缢殉情了。

东巴是人神媒介，他的主要神圣职能之一是举行仪式，帮助去世的亡灵回归"祖先之地"。东巴则被说成是可以去往三十三个神地或十八层天，成为永远不死的神祇。亡灵回归"祖地"是纳西族的一桩大事，只有"正常死亡"者才能回归祖先之地，而殉情者是难以回到这一人生的归宿地的，只能去往被东巴教和俗世的人们视为"殉情鬼"云集的雪山灵界"雾路游翠郭"（意为"雪山殉情者之地"，因认为它在玉龙雪山的第三个草场上，因此又译为"玉龙第三国"）。殉情的纳西族东巴看来是不在乎自己死后的灵魂去往神圣的"祖先之地"或祥光缭绕、众神云集的三十三个神地，无视这个对很多人来说是极大的荣耀的圣灵之地，而选择了去往那个相传有无数美丽的"殉情鬼"，用彩霞和白云、白风织衣裳，云里弹口弦，风中唱情歌，红虎当马骑，白鹿为耕牛，雉鸡当晨鸡，人们可以自由相爱，生命永远年轻的"玉龙第三国"。由此可见纳西族的东巴骨子里那种浓浓的人间痴情，凡俗情结和更向往于天然浪漫的大自然怀抱的心愿。在漫漫的岁月中，神巫和人间痴情汉东巴倾尽自己的生命之情吟唱纳西族的殉情悲欢，是他们用象形文字记录和升华了纳西族杰出的殉情绝唱《鲁般鲁饶》，使纳西族第一个美丽痴情的殉情女开美久命金的故事传遍纳西古国的山山水水，使无数的男男女女为这个美丽苦命的女子洒一掬悲伤的清泪。

20世纪40年代，丽江鲁甸乡有个颇有名气的东巴去为人家主持结婚祭典，不料与包办成婚的新娘一见钟情，坠入爱河，在月明星稀之夜双双远走高飞，去外乡续他们的情缘。

东巴是山乡平常人，因此，他们也像常人一样有自身的毛病，由于过去在频繁地为民众做法事时有一些报酬，被视为"人神媒介"而待为上宾，因此，有的东巴也养成了一些诸如贪杯、爱占小便宜等习气。有的东巴死于过量饮酒，笔者在田野调查中亦多次碰到因在醉乡而无法与之对话的东巴。由于他们的平凡，因此，他们在山乡与芸芸众生同乐共苦，称兄道弟，没有那种宗教祭司和凡人之间的鸿沟。

在目前民族文化传统面临重重危机之际，纳西山乡已寥如晨星的一些年逾古稀的东巴老人，为抢救有国宝之誉的东巴古籍，聚集在倒映皑皑雪峰、森森古树的黑龙潭畔，寒暑十余载，与一群亦有献身精神的纳西族学子一起翻译了一千多卷东巴经，写下了人类文化史上奇丽的一页，用他们垂暮之年的生命之灯，在滇西北高原点燃了一片举世瞩目的辉煌；他们中的不少人已油尽灯枯，一个个相继驾鹤归去。多少次，笔者在田野调查中曾与不少老东巴先生们相约在山村，来日再教笔者这个来自远方的学生释读他们的经典和生活，而当笔者一次次如约再赴深山或隔几年再返故地时，让人悲怆的是一个个东巴都已溘然去世，田园依旧，老屋依旧，而人已无踪！丽江东巴文化研究所原来有十多个东巴与学者们一起在晨光夕照中释读经典，到2002年就只剩下一个皓首苍颜的东巴老人。当数年前东巴文化研究所尚有三个老东巴时，他们就被有的西方报刊称为"纳西古王国最后的东巴"。他们脸上日益浓厚的岁月风霜，记录了他们为民族文化所付出的艰辛，同时也怆然昭示了纳西东巴文化在世纪末面临的困境和危机。所幸目前云南省已经开始了"建设民族文化大省"的宏大工程，笔者的故乡丽江也正在为建成民族文化大县而努力。愿这一道将要跨世纪的吉祥之光，能给残阳落照般的纳西东巴文化注入新的活力。

3. 东巴教圣地——白地

无数东巴智者已如烟如云消逝在无尽的时空隧道，但他们在高原雪域留下了一片灿烂的智慧之光，那万卷象形文古籍中闪烁着他们灼灼的生命之火，心灵之音，而圣哲们的灵魂，还倘佯在纳西古国的高山流水间。

一些分布在滇西北纳西族地区的"圣迹"和"圣地"无言地向人们讲述着东巴教的漫漫历程和它繁荣辉煌的年月。今天的不少纳西族人还在这闪烁着先哲灵智之光的圣迹灵洞中经受精神的洗礼，献上一片虔诚的心灵。

云南香格里拉县三坝乡的白地村是一个远近闻名的东巴教圣地。之所以称为圣地，是因为东巴教最初的繁荣是从这个区域开始的，相传东巴教祖师东巴什罗首先是在白地的白水台传教，东巴们认为是东巴教第二祖师的阿明什罗出生在白地水甲村。纳西俗语说："不到过白地，不算大东巴。"过去，各地的东巴都要争取来白地拜谒白水台和阿明灵洞。位于哈巴雪山山麓和金沙江湾地带的这个纳西山乡，弥漫着一层神圣的灵光。

（1）天外一把白雪落下的地方

笔者曾多次到这个东巴教圣地来朝圣和进行人类学田野调查，它位于如今的香格里拉县城东南部，从县城乘车约行101公里，便到达这个圣地。从崎岖的盘山公路上转过最后一道弯，最为醒目的首先是远远一片镶嵌在那朦胧的苍翠林屏中的白色，它宛如很多东巴经开篇中所提到的那一团混沌初开时的白光。随着车子越开越近，这白光也越来越大，越来越亮，最后这天造地设的白水台泉华奇观就恍然整个地来到你的眼前。

明朝嘉靖年间，有卓越的文韬武略，自号"长江主人"的纳西土司木高曾在这儿的一块岩壁上题诗，形容白水台是"云波雪浪三千陇，玉埂银丘数万塍。曲曲月留尘不染，层层琼涌水常凝"。

笔者首次朝拜白水台是在1989年初春，独行于泉华平台上，周遭山林寂寂，万籁无声。洁白如乳的一层层平台上水清如镜，倒映着高原那湛蓝得使人心醉的天，这映着蓝天的台地看去又极像一大片清莹莹的绿玉。白云在梦幻般的水中流连徘徊，微风吹来，泛起层层涟

东巴教圣地香格里拉县三坝乡白地村神圣的白水台。相传东巴教祖师东巴什罗与佛教的米拉大师在昆仑山斗法失败后,米拉大师用手抓一把昆仑山的雪撒向远方,形成了这个白水台。东巴什罗依约到此弘扬东巴教,于是白地成为东巴教的圣地(摄于1989年)

漪。在静谧中独自体验着这宗教圣境的安详,在内心中怅然自问:当年在此弘扬教义的东巴教祖师东巴什罗和阿明什罗而今安在?

白地吴树湾村著名的纳西族阮可人东巴久嘎吉曾对笔者讲了一个关于白地白水台来历的故事:

据说白水台的形成与东巴教的历史密切相关。相传东巴教祖师东巴什罗与米拉佛同年同月同日生,两人后来争当坐镇居那什罗神山的天下之智者,米拉佛的法力与东巴什罗的法力旗鼓相当。两人约定清晨谁先登上居那什罗神山,谁就是天下的第一智者,应由胜者坐镇居那什罗神山。第二天清晨,朝阳初出,阳光万道,米拉佛乘坐太阳光直向居那什罗神山顶飞升,东巴什罗坐在手鼓上扶摇直上,两人你追我赶,疾如闪电,互不相让。只是将至神山顶时,米拉佛稍快一步,捷足先登神山顶。米拉佛得胜，按约坐镇居那什罗神山。东巴什罗说："你现在已得智者宝座，我没有地方住了，你为我指引一个去处吧。"于是米拉佛手抓居那什罗神山顶的一把雪，撒向远方，说："雪落何处，那里就是你的安身立命之处。"这一把雪刚好在农历二月八落在白地（一说落在玉龙山），形成了玉洁冰清的白水台。东巴什罗飘然来到此处，收徒授经，传播弘扬东巴教。他也熟谙种庄稼之道，因此把白水台开辟成梯田形状，叫当地人仿效其状开垦梯田种庄稼。白地多肥沃的梯田，即有此来历，后世一年一度盛大的"二月八白水台会"也由此产生。

在永宁纳人（摩梭人）中亦流传着东巴与喇嘛在西藏冈底斯山斗法，为米拉所败，于是退让东南，顺金沙江而下，流落于纳西族部落中传教的传说。上述这两个故事源于藏传佛教噶举派祖师米拉日巴与本教徒斗法的故事。相传本教巫师能骑鼓游行虚空，东巴什罗骑鼓飞行正反映了传说中本教徒的这一特点。纳西族的本土宗教与古老的本教结合而形成了东巴教这种独特的民族宗教。

（2）赐人子女和福泽的石壁和灵泉

除了东巴所说的白水台有男性神之外，民间还有白水台上有女性神之说。在白水台上有一堵巨大的石壁，状如一个妇女的腹部，石壁底部有一个形似女阴的裂口，里面有水。远近的妇女常来这儿烧香求子，因此裂口周围被熏成黑色。人们认为这是能赐子赐福的白水台女神的象征。除了求子的妇女，男子也在这儿祭拜求福。当地老人说，按规矩，拜者默默祷告后，要以额头碰这石壁三次。白水台不仅是纳西族的朝圣之所，也是附近藏族、彝族民众虔诚祭拜的神圣所在。每年农历二月八，藏族和彝族民众都来祭拜白水台，藏族民众的祭拜之态最诚，即使下着雨，也要向白水台磕五体投地的等身长头。

白水台上方有个清澈见底的泉眼，纳西族人视之为灵泉，认为是司掌着大自然的神灵"署"的住所，因此，当地的东巴祭司和普通纳西族人常常来祭拜这一灵泉，灵泉附近有专门的烧香坛。藏族人也视这个灵泉为神圣之泉,也常常来祭拜,在泉水附近有很多藏族人拴挂的经幡,与纳西东巴插在泉水边的木牌画交相辉映,两种不同文化共同尊重大自然的意识展现在这个清澈的泉水边。

(3) 东巴祖师修行的灵洞

与白水台相对的上柏峰山腰,是赫赫有名的圣迹——阿明内可(意为阿明灵洞)之所在。这是出身在这里的东巴教大师阿明曾经修行过的一个岩洞。另一个传说称这里曾是东巴教祖师东巴什罗冥思和修行之洞,因此也叫"什罗内可"或"什罗埃可"(意为什罗住的岩洞)。

笔者于1991年在当时的白地乡文化站站长和尚礼的引导下,朝拜

灵洞崇拜是东巴教和本教共有的宗教现象。图中是东巴教灵洞"什罗内可"(东巴什罗修行的灵洞),或称为"阿明内可"(阿明什罗修行的灵洞),位于东巴教圣地中甸县(今香格里拉县)三坝白地村(摄于1990年)

了这个在东巴祭司中无人不知且个个向往的圣洞。这是个两洞相连的喀斯特溶洞。笔者去时，见到洞外有人们烧过的杜鹃木、松枝等，还立着一根看上去刚立不久的祈神求福的神塔，高约一米半，旁边有一根看上去年深月久的旧神塔，比新塔粗，上面凿着三级台阶，约长两米，上面满是岁月风雨剥蚀的痕迹。

洞内右壁上，有20世纪40年代到此朝圣的原台湾故宫博物院副院长李霖灿先生和丽江东巴杨学才两人志游的东巴文和汉文题词。杨学才年轻时就已是丽江一个出色的东巴。有一次，他去给一户娶亲的人家主持婚礼"迎接生命神"，而那包办成婚的新娘对这个年轻而才貌双全的东巴一见钟情，于是两人当晚就双双出逃，到这个婚姻习俗比较开放自由的东巴教圣地来生活。

杨学才在此与痴迷于东巴文化的李霖灿相遇。他们写的字是用东巴用的松明油烟墨写成，因此字迹尚十分清晰。在洞的外壁上有东巴象形文题词，字迹斑驳，与苍苔相混，看上去已很有些年月。

相传阿明大师曾在此洞修行，写经书，传授徒弟。民间传说他用过的鼓、铃、镲、锣、白螺均留在洞中，增加了灵洞的神秘性。后世的各地东巴到白地朝圣学经时，都要到这个灵洞来祭拜和进行"加威灵"仪式，请阿明什罗赐予威灵；当地东巴也常常来此灵洞求威灵。

笔者在东巴和志本家中发现神龛上摆着几个乌黑的小石块，他说这是从阿明灵洞中拣来的灵石，当地东巴都在家中神龛上供有这种灵石，他们将它视为能赋予自己神力的圣物和镇鬼的武器。白地东巴认为，每当一个东巴要去世时，白天洞中会冒出一股烟，夜里洞中会发出一团亮光，并会发出鼓锣钹铃声。从这种种传说中可以体会到东巴对这个灵洞所怀有的崇拜和神秘感。

这个灵洞是东巴教的一个神圣之地，各地东巴在祭山神时，一定要提到这个灵洞之名，迎请阿明大师的神灵。

（4）阿明学经的传说

阿明是白地人。他年幼时，北方的郭洛人来袭击白地，阿明父子躲在一座岩脚下，但被郭洛人发现。他们把阿明抓去郭洛部落所在的北方，白天叫他放马，夜晚叫他给学经的郭洛人执火把照明。阿明聪明过人，当郭洛人念经习经时，他在心中默诵经书内容，熟记于心，不久便远远超过那些习经者。他就这样通晓了郭洛人的经书。

阿明无时不在谋划逃回家乡。郭洛人的边境上有一条大河，河上有一座桥。阿明白天放马时，只把一匹马训练成能跑过这座桥，而把其他所有的马训练成一到桥边就要回头跑。一天夜里，学经的郭洛人读经倦息后，沉沉入睡。阿明偷了他们的一些经书背在身上，骑上那匹骏马如飞逃去。郭洛人发觉后急忙骑马追来。到桥边，阿明飞马越桥而去，而郭洛人所骑的马一到桥边就回头跑，无论如何也控制不住，马反倒把郭洛人都颠下来。

阿明就这样回到白地，他怕郭洛人再来追捕，便长期躲在白地的这个岩洞中。他在洞中把从郭洛人那里学到的经书传授给人们，他住的岩洞被人们称为"阿明岩洞"（阿明内可）。

不少研究纳西学的学者认为郭洛人是蒙古人，其实郭洛是古代散居在川、甘、青三省交界的阿尼玛奇山南部山谷里的一个藏人部落。郭洛民间相传，他们的祖先最早生活在四川甘孜州一带，后来才逐渐迁徙到如今居住的地方。笔者认为传说中所说的阿明学习郭洛人经典，可能反映了阿明曾经学过古代流行于郭洛藏人中的本教经典。

在山洞中修行是喜马拉雅周边地区本教等不少民族宗教祭司、巫师的一种修行方式。纳西族东巴教称修行的灵洞为"能科"，称著名的神明东巴修行过的灵洞叫"什罗能科"。丽江也有几个著名的"什罗能科"，如汝南化村什罗灵洞，此洞在丽江文笔山后汝南化村山上，洞朝西，洞后有瀑布飞流。相传白地东巴大师阿明什罗的后裔阿明余勒（一说是阿明本人）来丽江传教，曾在此洞长期修行传教，故称为"什罗灵洞"。此洞成为东巴举行仪式时所咏诵的灵地之一。每年阴历二月八日，四乡的东巴便到这个灵洞前集会，诵经和跳东巴舞蹈。

四、东巴文化的"人与自然"观

1. "人和大自然是兄弟"

东巴教的宇宙观和生命观体现了突出的人与大自然同体合一的思想,认为大自然和人是同出一源的,有共同的出处来历。如东巴教认为大自然的日月星辰、山川草木、鸟兽虫鱼以及人的生命最初皆起源于蛋卵,将大自然和人视为有生命血缘关系的物质实体。这是纳西先民自然观和生态观最原初的思想根源之一。

同时,东巴教认为人类与大自然是"同父异母的兄弟"。这一饱蕴智慧而含义深沉的人与自然观不知包含了多少纳西先民在漫漫岁月中的苦思冥想和在与大自然朝夕相处中得出的生存经验,以及从与大自然相处的风霜雨雪磨难中得到的领悟。这无疑是在最初将人与自然万物视为同源生命体的观念上进一步产生出来的更为明了的人与自然密切关联的解释。

在长期依赖于大自然的生产生活实践中,纳西先民的自然崇拜意识上升到了对人与自然之间关系的辩证认识,在泛灵观的支配下,概括出一个作为整个自然界化身的超自然精灵"署",并形成了规模庞大的祭"署"仪式。"署"是东巴教中的大自然之精灵,司掌着山林河湖和所有的野生动物。

东巴经神话《署的来历》等很多讲述人与"署"的神话传说中说,人类与"署"原是同父异母的兄弟,人类在东巴经中称为"精"或"崇",他能掌管的是盘田种庄稼、放牧家畜等,而他的兄弟"署"则司掌着山川峡谷、井泉溪流、树木花草和所有的野生动物。人与自然这两兄弟最初各司其职,和睦相处,但后来人类日益变得贪婪起来,开始向大自然兄弟巧取豪夺,在山上乱砍滥伐,滥捕野兽,污染

纳西族认为人与自然是同父异母的兄弟,从生到死,人都依托于大自然。回归大自然也是殉情者最大的心愿,他们向往的是与日月星辰、走兽飞禽同乐共欢的雪山灵域。祭祀自然神是东巴教最大的仪式之一。图为大东巴和士诚在主持举行祭祀掌管山林湖河、野生动物的大自然神"署"的仪式。东巴右边三角状木架是烧香台,左边是祭坛,后面挂着神轴画(摄于1991年)

河流水源。人类对自然界种种恶劣的行为冒犯了"署",结果人类与自然这两兄弟闹翻了脸,人类遭到大自然的报复,灾难频繁。后来,人类意识到是由于自己虐待了自然这个兄弟而遭了灭顶之灾,便请东巴教祖师东巴什罗请大鹏鸟等神灵来调解。最后,人类与自然两兄弟约法三章:人类可以适当开垦一些山地,砍伐一些木料和柴薪,但不可过量;在家畜不足食用的情况下,人类可以适当狩猎一些野兽,但不可过多;人类不能污染泉溪河湖。在此前提下,人类与自然这两兄弟又重续旧好。

相当多的东巴经，特别是属于祭自然神"署"之仪式的东巴经中，都突出地反映了纳西先民小心翼翼地对待自然环境的生活态度。下面举数例观之。

东巴经《祭署·仪式概说》中说："居住在辽阔大地上的人类，为了一点吃食，不择手段，食人类不得食用的东西，将毒鬼的红鹿杀掉，把仄鬼的红色野牛杀掉，把树上的蛇儿杀死，把石头上的青蛙杀死，食其肉，到山上去放狗打猎，到山箐中去拿鱼；放火把大山烧掉，把大树砍倒，把大湖的底戳通。人们不知道可以不可以和谁争斗，偏偏去和署族结仇争斗。于是署族将毒与仄鬼施放到人们中间来。"①《大祭风·开坛经》中说："不到利美署许汝（自然神"署"类之一）的泉水里去洗衣服和其他破烂的东西，不到白色的高原上采摘山花和野花。到了雪山上，不随便去攀折长斑纹的古老的树木；走到九座大山上，不随便去砍伐大树，不划白色的房头板；到了大山箐里，不随便去砍绿色的竹子；到了森林里，不去毁坏大片小片的森林，不去砍伐大大小小的树木。"②

东巴经《压呆鬼·开坛经》中说："我们住在村子里，不曾让山林受到损坏，住在大地上，不曾让青草受到损坏，住在水边，不曾让水塘受到损坏，住在树上，不曾让树枝受到损坏。即使打猎，也不射杀小红虎，不对白云深处的小白鹤下扣子，不撬大石头堆，不砍大树，不捅湖底。放牧不让里美斯许汝（署类）正在吃草的鹿和山驴受到惊吓。干庄稼活不去破坏署神里美肯术的大河水源；到白云缭绕的雪山上，也不曾折断攀满青藤的树枝；来到松树林里，不曾划开杉树

---

① 和士诚释经，李静生译，王世英校。载《纳西东巴古籍译注全集》（校对稿）。

② 和开祥释经，和宝林译，习煜华校。载《纳西东巴古籍译注全集》（校对稿）。

来做盖房顶的房板；不曾砍大箐沟的青竹；不曾获取过多的山货。"①

《祭署·立召标志树，诵开坛经》中这样说："我们住在村寨中而没有去破坏山林，住在树旁边而绝不破坏树木。我们没有打猎，更没有射杀格梭古盘的大斑纹红虎。我们不会砍树，更没砍古树。一天早上，让寨家子弟去放牧，也没有放到白雪覆盖的山巅，更没人去惊动聚集在那里的署的鹿和野牛。"②

在不少反映人与"署"即人与自然关系的东巴古籍作品中，均反映了纳西先民的这样一种理智认识：人与大自然之间的关系犹如兄弟相依互存，人与自然只有保持这种兄弟似的均衡关系，人类才能得益于自然。如果破坏这种相互依存的和谐关系，对大自然巧取豪夺，那无异于伤了兄弟之情，会招致自然的报复。这是纳西先民在漫长的生产生活实践中得出的宝贵经验和深刻的认识。在这种理智的认知基础上，纳西族民间产生了一整套保护自然生态的习惯法，以此规范制约着人们对待自然界的行为。东巴经中常见的禁律有：不得在水源之地杀牲宰兽，以免污血秽水污染水源；不得随意丢弃死禽死畜于野外；不得随意挖土采石；不得在生活用水区洗涤污物；不得在水源旁大小便；不得滥搞毁林开荒。立夏是自然界植物、动物生长发育的关键时期，因此，立夏过后相当长一段时期内禁止砍树和狩猎。至今，在丽江的城乡还保存着很多镌刻着护水源、护树、禁止在寺庙和河边杀牲污染水系、禁止在古城跨河筑楼和侵占水系、禁止在水源之山挖土采石等乡规民约的石碑。由此可见，作为传统文化重要源头的原始宗教是不乏积极的社会功能作用的。

东巴文化中所反映的人与自然观的又一表现是人对大自然的敬畏

---

① 和士诚释经，和庆元译，王世英校。载《纳西东巴古籍译注全集》（校对稿）。
② 和即贵释经，李静生译，王世英校。载《纳西东巴古籍译注全集》（校对稿）。

之情，除了反映在各种礼俗中外，比较集中的还有一个向自然"欠债"与"还债"的观念。东巴教认为，人们为了自己的生存，使用大自然所拥有的物质，如伐木、割草、摘花、炸石头、淘金、打猎、捕鱼、汲水、取高崖上的野蜂蜜，甚至使用一些树枝和石头等用于祭祀礼仪，都是取自大自然，是欠了大自然的债，如东巴经《超度放牧牦牛、马和绵羊的人·燃灯和迎接畜神》中说："死者上去时，偿还曾抚育他（她）的树木、流水、山谷、道路、桥梁、田坝、沟渠等的欠债"；"你曾去放牧绵羊的牧场上，你曾骑着马跑的地方，用脚踩过的地方，用手折过青枝的地方，用锄挖过土块的地方，扛着利斧砍过柴的地方，用木桶提过水的山谷里，这些地方你都要一一偿还木头和流水的欠债。除此之外，你曾走过的大路小路，跨过的大桥小桥，横穿过的大坝小坝，翻越过的高坡低谷，跨越过的大沟小沟，横穿过的大小森林地带，放牧过的大小牧场，横渡过的黄绿湖海，坐过的高崖低崖，也都一一去偿还他们的欠债。"① 显然，纳西族把自然视为人一生赖以生存的恩惠之源，是大自然抚育了人类，人的一生欠着大自然的很多债。这些债要通过举行祭祀大自然神灵的仪式来"还债"。从这种敬畏自然、感恩自然的传统思想中，可以领会到为什么纳西族人过去盖一幢房子，劈一块石头，砍一棵树，都要举行一个向自然种种精灵告罪的仪式之风俗。这种在现代人看来可能会觉得迂腐的观念和习俗，反映了纳西先民是将大自然的一切都视为像人一样的生命体的观念，因此要尊重它，呵护它，不能过分盘剥它，从这种生态观念中，可以看出纳西先民将自然界万物也视为一种有尊严性的生命体的思想。正是靠了这种将大自然拟人化，将人与自然一视同仁地看待的"生命一体化"观念，纳西族所居住的地域才长期保持了人与自然和谐、生态环境良好的人居环境。

---

① 和云彩释经，和发源译，和力民校。载《纳西东巴古籍译注全集》（校对稿）。

玉龙县塔城乡署明村的东巴和贵华在主持"还树债"仪式（摄于2006年）

英国历史学家汤因比（Arnord Joseph Toynbee，1899—1975）指出："宇宙全体，还有其中的万物都有尊严性，它是这种意义上的存在。就是说，自然界的无生物和无机物也都有尊严性。大地、空气、水、岩石、泉、河流、海，这一切都有尊严性。如果人侵犯了它的尊严性，就等于侵犯了我们本身的尊严性。"[1]东巴文化中所反映的观念与西方这位大学者的论点都反映了一种应该尊重和礼敬自然界的主张，可以看到这么一种基本的观点：人和宇宙间的万物是平等的，都是宇宙间的一分子，尽管人类自诩为万物的灵长，但人类的生存状态亦取决于大自然的生态平衡，大自然不依赖于人类，而人类则需要依

---

[1] 汤因比、池田大作著，荀春生等译：《展望二十一世纪》，国际文化出版公司1984年版，第429页。

赖于大自然才能生存。

东巴文化中所反映的敬重自然界万物的观念固然产生于古代自然宗教的泛灵信仰，但这种敬畏自然的思想至今仍有它非常积极的意义。人类在任何时候，都要以一种平等的心态对待大自然，特别是充分意识到人类的生存是依赖于自然界这个道理。

东巴文化中人对自然界"欠债"的观念有利于约束人对自然界的开发行为，凝聚着纳西先民从人在自然界的生存经验中总结出的朴实而充满真理性的非凡智慧。

2. 与大自然精灵的对话

在田野考察旅途中，笔者还在很多村寨树林茂密、泉水奔涌之处看到纳西语称之为"署古丹"（意为祭"署"神的场所）的古老祭场，常常在山野间树林茂密的水源头看到过一些插在地上的木牌画，上面绘有各种蛙头人体蛇尾或人首蛇体的精灵，还有日月星辰、风雨云团等等。这种栖息于自然怀抱的宗教艺术中深藏着一个"人与自然"的古老秘密。

东巴教中有个规模宏大的仪式，叫"署古"（svq ggvq），即祭"署"，也就是祭大自然神。属于这一仪式的东巴经有很多记载，从美籍奥地利学者洛克（J. F. Rock）所撰写的《纳西人的"纳伽"（署）崇拜及其相关仪式》一书中看，就有116种。这些经典阐释的主题都是人如何与大自然神"署"和睦相处，不得罪"署"。这一仪式对纳西族的生产活动和社会生活、生态道德观等有很大的影响。这一仪式体系是在东巴教自然崇拜的基础上逐渐形成的。在长期的生产生活实践中，纳西先民的自然崇拜意识上升到了对人与自然之间关系的辩证认识，概括出一个作为整个自然界化身的超自然精灵"署"，它在东巴象形文中是一个蛙头人体蛇身的形象。"署"是东巴教中的大自然之神，司掌着山林河湖、野生动物等。

时至今日，每逢农历二月的龙、蛇之日，丽江、中甸等地的一些纳西族山民还按传统祭祀大自然之神"署";农历二月八,有东巴教圣地之誉的香格里拉县三坝乡白地举行盛大的白水台盛会,纳西族民众烧起天香,虔诚地祭祀白水台神灵和"署"神。

每个村寨都有固定的祭场和固定的祭祀时间。在有些地方,祭祀由村民轮流主持,整个礼俗反映了人们力图与大自然和谐相处的愿望。过去,不少地方的纳西族人在砍伐用来建房的木料及采山石后也举行小型的祭"署"仪式,向自然神表示感谢和抱歉之情。东巴教认为乱砍滥伐,污染水源,盲目开山劈石,乱捕野生动物是惹怒"署"的几个主要原因,祭"署"仪式也为那些因上述行为招致"署"精灵报复的人禳解灾祸,安抚"署",为他们赎罪。

在不少反映人与"署"即人与自然之间关系的古籍中,反映了纳西先民对人与自然之间关系的哲理思索和一种智慧的认识:人与大自然之间的关系犹如兄弟相依共存,对大自然不可随意冒犯,否则将遭到大自然无情的报复。与大自然和谐相处是东巴教古籍和民间信仰习俗中的一个警世基调,也是纳西族古典文学艺术的一个审美范畴,其中蕴涵着人们对于自然报复人类的恐惧心理和神秘感,反映出一种融汇着先民迷惘惊愕于自然力的心态和情绪。在东巴教著名的长幅布卷画"神路图"中,绘有不少因生前乱砍山林、滥杀野兽、污染水源而在鬼域受万般苦楚的罪人,这也反映了上述这种传统观念。

"人与自然是兄弟",这一从生与死、血与火的教训中得出的警世之音,照彻了纳西族人的心灵,启迪了一代代纳西族人的生态观和人生的智慧。于是,纳西族民间有了善待山、善待树、善待水、善待动物等的各种乡规民约,包括木氏土司在内的纳西族民众就有了敬畏大自然之神"署"或龙王,定期祭祀"署"神或龙神的礼俗。

按传统习惯,这个仪式在每年农历正月或二月属蛇、龙的日子举行,其目的是向自然神"署"求福泽,求当年雨水充沛,五谷丰登,六畜兴旺。该仪式有的以户为单位举行,有的则以村寨为单位举行,地点一般在村寨附近的泉水旁或村中的井旁,还要到各家各户去举行

在丽江古城，近年来古城居民对东巴文化的认同也表现在于"三眼井"旁边竖立祭祀东巴教司掌大自然的精灵"署"的神坛和木牌画上（摄于2006年）

"烧天香"仪式。如遇到特大的干旱年，县或乡会组织大规模的"求雨会"，请数十个东巴举行三至五天的祭"署"仪式。

仪式中必须准备的物品有祭桌、香烛、酥油灯、与"署"神沟通并导引病者灵魂的白麻布、神粮爆谷子、鬼粮爆苦荞，以及用柏枝、杉枝、松枝、竹子、白桦等做成的各种祭木；绘着各种"署"神灵的木牌画、锁"署"门的铜锁、解纠缠绳的白铁刀、黄绿旗；用酥油、茶、岩蜂糖、岩花、复掌参、白海螺、苦楝子果、海贝等做成的神药等等。专门主持"署古"仪式的主祭东巴叫"许孙"。每年由一户人家做仪式执事，其家中须备一缸黄酒。

仪式举行的凌晨，众人先要漱口洗脸，然后在祭坛前烧天香，除秽，献祭米。鸡叫后唤醒"署"神，给"署"施药，诵各种与"署"神有关的东巴经书，其中很多是描述人与"署"之间纠葛的神话故事。除了东巴吹海螺、摇板铃外，其他人还吹麦管笛、竹笛，一派欢乐的民俗气氛；然后进行"分署神之寨"，送"署"神的仪式，将各种祭牲面偶烧于天香堆中。在祭坛处除秽，撒祭米，点酥油灯，诵《烧天香经》，举行仪式者绕火堆转，向五方磕头，祈求"署"神赐福，然后送诸神回归其所居之地。整个仪式的目的是安抚"署"神，请它宽恕人类对它的冒犯之处，赐福泽给人类。在此仪式过程中，不能喝白酒，只能喝黄酒。忌禁吃荤、蒜、葱，不能在祭场内高声喧哗。所用的灶灰必须清理干净，禁用破烂之器皿。

1994年，笔者有幸完整地看到了一场大型的"署古"仪式，由丽江著名的大东巴和士诚、和开祥、和积贵、和云彩主持，地点是在丽江著名的"清泉之乡"束河"九鼎龙潭"边。当时，这三位东巴大师那雄健敏捷的舞蹈、苍劲沉洪的吟咏，给人留下很深的印象。如今，和云彩老东巴驾鹤远逝已多年，年近九旬的和士诚老东巴也已两眼昏花，告老还乡，不再能主持这样的大仪式。和开祥、和积贵也体弱多病，再难如当年那样矫健地舞蹈，雄壮地歌吟。

数年后，纳西族人与大自然对话的神圣职责，将由谁来承担呢？近年来，笔者与东巴文化研究所的同事们一直在费尽心力促成几个新一代东巴的培养之业，笔者只能寄希望于这一代东巴后生们。

3. 东巴与民间的生态保护

东巴教关于人与自然之神（或称精灵）为兄弟之说促成了祭"署"（署古）之仪式，在纳西族民间普遍形成了祭"署"的礼俗。这是一个规模宏大的东巴教祭祀仪式，其重要性不亚于东巴教最大的仪式"祭天"。祭司东巴是具体组织和引导民众在这一仪式中与大自然精灵"署"对话的"人神媒介"。东巴通过"署古"仪式，让社区民众了解人与自然之主宰"署"是两兄弟，这两兄弟后来发生矛盾的原因；纳西祖先不善待自然所犯的错误；纳西祖先是怎么化解与大自然这兄弟的矛盾；人在自然界生存时应该遵守一些什么戒律等等。这整个是在通过本民族传统宗教的神性解说，通过折射了纳西先民生活的真实情景和理想的神话、传说、故事等，对纳西族民众进行一种人类在自然界如何生存的教育。在"署古"仪式中所咏诵的上百部东巴经典便是教材，是圣典。在这一仪式中，东巴所扮演的角色是进行传统生态观教育的老师，他们固然与现在的生态和环境保护教育者不同，不是一种现代科学意义上的教育，但那种带有浓厚的宗教情感和传统信仰力量的教育，对人类自我约束和规范对待大自然行为却起过非同小可的历史性作用。至今，我们不能不承认宗教对控制人类行为所起的巨大社会功能作用。

东巴教中所宣扬的传统生态观对社区资源管理的传统习俗和方法有很深的影响。在20世纪50年代以前，笔者所调查的很多村寨都有祭大自然神"署"的祭祀场所，民间很多保护森林和水资源的传统习俗、乡规民约都最初肇源于这一信仰和仪式行为。

至今，在远离丽江古城一百八十多公里的塔城乡依陇行政村署明村，对"署"的信仰和东巴教"人与'署'是兄弟"的观念还比较浓厚地保留在不少村民的意识中。如该村东巴和顺严格规定自己的三个儿子不准参与任何砍树卖钱的行为，他认为随便超越自己生活所需的砍树是明目张胆地触犯自然之神"署"，是违犯古规的恶劣行为，以后必然给家庭和子孙后代带来灾难。署明村现在还比较普遍地举行着一种东巴教的仪式，该仪式叫"子趣软"，意思是"偿还树木的债"。这种仪式在以下情况举行，当某人或某家庭有了什么病灾，经东巴占卜，认定是因为违规乱砍了树木或污染了水源，便请东巴在砍了树的地方或水泉边举行这个仪式，用供品向"署"告罪，向其偿还所欠之债。

每个村寨都有固定的祭场和固定的祭祀时间，祭场大多在村寨水源附近。很多村寨的祭"署"仪式是在阴历二月的龙日和蛇日进行，蛙与蛇相传是"署"族的主要代表，因此是"署"的两种主要象征物。源于汉文化的龙由于也有与"署"相似的管理水源等功能，因此也被东巴教吸收进来,与"署"成为一对关系密切的精灵,因此,在以十二属相计年月日的纳西日历中就选择龙日来祭"署"神。

祭"署"仪式在东巴的总指导下进行,成为一种相当规范的社区活动。在集体举行祭祀的村寨,每年轮流一户当执事,来操办祭祀用酒、食品祭品等事。

20世纪50年代之后,由于东巴教活动被指责为"封建迷信活动",因此社区集体祭"署"的东巴教活动逐渐消失。80年代末至90年代,笔者在丽江的塔城乡、香格里拉的三坝乡白地等多次进行田野调查,没有看到社区集体举行的祭"署"仪式,但仍看到一些东巴在自己家附近泉水边和当地的灵泉处祭"署"神,有的东巴还在已经大大简化了的祭祀礼俗中使用着简单的木牌画。有的东巴在民间举行的丧葬仪式、婚礼和生育礼俗中,仍在向人们传递着东巴教的基本思想,告诉人们如何与大自然相处的道理,如把很多病痛、灾难等归咎于人们对自然界的不敬和过分盘剥。笔者在调查中就多次目睹东巴和卜师(桑尼)把某些病痛归咎于砍了水源林,或在泉水边打死了蛇、蛙,或在井旁打了鸟,在建房时过分炸石头等等。

长期以来,东巴教这种将人与自然视为兄弟的观念(或教义)成为纳西族人与大自然相处的一种准则,并由此产生出种种有益于自然生态环境和人们日常生活的社会禁律,它或以习惯法的形式,或以乡规民约的方式,规范和制约着人们开发利用自然界的生产活动。可以说,纳西族社区很多保护山林水泉及野生动物的制度性措施和习俗,最早可以追溯到东巴教这种基本的自然观中。

纳西族民间善待自然的传统习惯法已升华为一种道德观念。过去,在纳西族人的观念中,保持水源河流清洁,爱护山林是每个人都必须履行的社会公德。过去,纳西族主要聚居区丽江不仅各乡各村都有保护山林水源的乡规民约,而且,各村寨都要推选德高望重的老人组成长老会,督促乡规民约的实施。下面笔者举几个自己调查到的个案来看纳西族社区保护生态环境的习俗。

首先谈一谈纳西族社区组织的生态环境保护功能作用。过去，很多村寨除了有属于政府行政建制的人员外，普遍有类似"长老会"那样的民间组织。如20世纪50年代前，丽江县白沙乡玉湖村传统的村民长老组织叫"老民会"，"老民"是对入选者的称呼，选为"老民"的一般都是在村中深孚众望的老人。"老民会"每三年选一次，选举时间是在农历六月火把节期间，召开村民大会公开选举，一般选七八人至十多人，不称职者在下届就不选。"老民会"负责制订全村的村规民约，并负责评判事端，调解民事纠纷，监督选出的或由"老民会"指定的管山员和看苗员看管好公山和田地，如有乱砍滥伐、破坏庄稼等违犯村规民约者，由"老民会"依村规民约惩罚。

村民起房盖屋需木料，首先要向"老民会"提出申请，经"老民会"批准后，由村里的管山员监督砍伐，绝对不许多砍。甚至结婚时要做床的木料也要经"老民会"批准后才能按指定数砍伐。立夏是自然界植物、动物生长发育的关键时期，因此，立夏期间要封山，封山期间禁止砍树、狩猎和拉松毛。封山期结束后，允许村民拉松毛，但按照村规民约，每户只能来一至两人，这主要是用来防止劳力多的人家多来人拉松毛，使劳力少的家户吃亏。"老民"们亲自坐镇山路上监督，他们执法如山，很多"老民"对亲友也不留情面。这些公众选出的"老民"都是义务为村里服务，不收取任何报酬。由村民选出的或由"老民会"任命的看苗员、管山员对自己分内的工作也相当负责，每天都兢兢业业地看苗、管水、巡山，一旦发现违犯村规民约的就当场处罚或上报"老民会"，由"老民会"对肇事者视情节轻重处罚。即使是地方上的村长、保甲长等头面人物的亲属犯了村规民约，"老民会"也一视同仁地处罚，因此村中正气很盛，保持了良好的生态环境。

纳西族村寨一般都设有专门的管山员，这是社区组织在保护生态资源方面的重要举措。在纳西语中，管山员被称为"居瓜"，意思是"管理山的人"。管山员对保护好社区山林资源有举足轻重的作用，因此，各村在选举和任命管山员时十分慎重。村民多推举能秉公办事、性情耿直、铁面无私的人担任管山员。20世纪50年代以前，有的乡村还专门请外地人来担任这一角色，如丽江县白沙乡龙泉行政村有的村子还专门请外来的藏族人担任管山员，这除了历史上藏族与该村有长期的贸易合作之外，还基于考虑到外来人亲属关系单纯，在管山过程中不会受到原住民那样复杂的亲属关系的影响和制约。当管山员是个极易得罪人的差事，当地人因此有一句俗语说："管山员家中的火熄了，也难讨到火种。"这生动地道出了当管山员的不易。但当地同时又有一种说法，"署"和山神始终与管山员站在一起，管山员背后有山上的精灵，这又道出了管山员在社区生活中的重要性和在人们心目中的重要地位。

村社组织所发挥的积极作用对保护集体山林、水源和村民的田地起了很大的作用。除此之外，村民们世代传承的传统生态道德观念也使村子的生态环境受益不浅。

过去，村民们有很多禁忌，如不能砍伐水源林，不能污染水源，不能在饮用水沟上游洗涤脏物，不能倒脏物于水沟中，不能砍伐和放牧过度而使山上露红土，不能让自己的牲畜毁坏别人的庄稼，不能随意砍大树和幼树，连被风刮倒的大树也不能随意砍回家。在这些禁忌习俗中虽然有一些宗教迷信因素，但它是与社会伦理道德观念混融在一起，客观上对保护村子的生态环境起了相当大的作用。迄今，生态环境保护得好的都与各社区的村民委员会、护林小组、"老民会"、妇女组织等发挥的作用密切相关。

另一比较突出的是纳西族社区村规民约的功能。丽江县白沙乡龙泉行政村各个自然村自古以来一直都有制订管理集体山林和水资源的村规民约的传统。龙泉行政村有个用五花石铺地的四方街，纳西语称之为"少瓦芝"（汉语叫"束河街"），过去是远近闻名的丽江四大集市之一。过去在街市的青龙石桥边竖有镌刻着管理山林、水流等村规民约的石碑，最早的可追溯到清朝嘉庆年间。上面有每年何时不能砍树木，封山从何时到何时，对盗伐树木者的处罚条款等。如果村民有违规者，处罚之一是不准该户参加全村周期性的有计划地砍伐集体林的"局然"（每年定期而有严格规定的集体林砍伐）。现在，龙泉行政村和各个自然村都制定有村规民约。如庆云村村规民约第11条规定：不管集体林和公有林，一旦发生火灾，应立即组织全体公民参加扑灭，不来者罚款10~30元。仁里村村规民约第10条规定：如偷砍一棵青松，如是可以做桁条（横梁）以下的木料，罚款100元；桁条木料罚款200元；桁条以上木料则罚款500元。被罚者须在3日内交款，如抵触不交，召开全体村民大会来裁决。

过去，龙泉各村每年有封山期，一般是从清明到雨季结束的九月份，当地民众认为这一时期是树木的生长发育期，不宜砍伐和割绿叶垫畜圈；如砍伐，会导致暴雨冰雹。在此期间，只允许村民找一些枯枝败叶。各村集体林中的野生经济林木，如结松子的白松林，在果子尚未成熟时禁止采集，何时采集，由村中统一安排。这一习俗在街尾、松云等村一直保持至今。

纳西族少年儿童自小就由上辈人谆谆告诫，不得做任何污染破坏自然环境的事。丽江古城居民在20世纪五六十年代都直接在河里挑水饮用，因为很少有人会往河里扔弃污秽物品。黑龙潭游鱼如梭，有不少甚至游到古城的河沟里，但也没人抓捕。如果有谁触犯保护水源山林的乡规民约，不管其来头多大，都要受罚。笔者就曾调查到几则有关村寨豪绅因触犯乡规民约而受到村民处罚的事例。如纳西族著名人士和万宝先生曾对笔者讲述，过去，他的家乡贵峰（今属丽江金山乡）一带的村民护林爱山的意识是很强的，立夏之后绝不砍伐任何一棵树。一年中，全村有统一外出到集体林修枝打杈的一天，各户能砍多少量的枝杈有统一规定，砍好后要先堆放在一起，由村中长老等过目验收，证明确实没有过量砍伐后才能各自把这些树枝背回家。防止森林火灾更是人人万分小心的事情。过去有个在方圆几十里很有势力，手下"弟兄"众多，一呼百诺，人称和大哥的帮会头目，有一次在山上不小心引发了一场小火灾,烧毁了一些树。他在扑灭了火之后,惶恐愧疚地从山上回家,一路上见到每一个村民都下跪磕头,一直磕到村里,表达他对造成火灾的负疚悔罪心情。

笔者1993年在白沙乡玉龙村了解到这么一个事例,在20世纪50年代前,玉龙村曾有乡绅违犯乡规民约,全村群众团结起来,不管他官大势大,采取了不准他家的大牲畜与村民的畜群一起放牧的处罚。由此可见传统的自然环境保护意识在纳西人社会中是多么根深蒂固。这种生态意识最初都可以追溯到东巴文化关于人与自然为兄弟的传统观念中。该村的集体林中盛产一种白松树,其松果皮脆肉香,远近闻名,是该村村民的重要经济收入来源。该村对这一片作为衣食之源的集体林保得特别好,何时采摘松果也有严格规定,定在每年农历九月的几个日子,因此,这些盛产松果的白松林就成为该村长盛不衰的经济收入来源之一。在这片白松林附近有一个相当清洌的泉眼,玉龙村人称之为"鲁丁鲁笨古",意思是"起龙和产龙之处"。泉眼周遭长着各种枫树、大栎树等古老的树木。按当地的传统信仰,这片泉水是"署"和龙王居住的地方,是村子的重要水源,严禁冒犯。在传统乡规民约被漠视的20世纪70年代,有个村民砍了泉畔的一根古树枝,他母亲知道后,硬叫他在泉畔重新栽了一棵相同的树。由于这股泉水一直保护得很好,现在已经成为远近闻名的生态旅游景点"玉水山寨"的灵魂,该寨名闻遐迩的三文鱼全靠这一眼泉水养活。

正是由于有了这种相沿千百年的民族传统生态道德观,丽江才赢得那一片青山绿水,那家家流水、户户花圃的自然和谐美景。直至20世纪50年代早期,丽江还保持了全部土地面积中有73%的林地和12.8%的草山草坡,森林覆盖率达53.7%。

4. 生命回归大自然

东巴教有自己独特的生命归宿观。自明代以来,藏传佛教、汉传佛教、道教等对纳西族社会的渗透,因果轮回、极乐世界、来世等观念不断地向纳西族人灌输，东巴教的教义中掺杂了不少藏传佛教的内容，用于超度死者灵魂的巨幅布卷书《神路图》就集中体现了受佛教影响的生死观念。该书长9～15米，约1尺宽，详细描述了受佛教"五趣六道"说影响的地狱、人间、神地的详细内容和人死后根据生前所造罪孽受万般苦楚的情景，也描绘了人死后在六个不同的地方转生的详情，把佛教的生死观念与纳西族的一些传统文化因素融合在一起。这一描述死后灵魂历程的鸿篇巨制以及相配套的东巴经的产生反映了纳西族文化汇融后产生的生命观，它与纳西族传统的死后回归祖地观并存于丧葬文化中。但有意思的是，真正支配着人们思想的不是佛教的这种因果轮回、转生、天堂等观念，而是"回归祖地"的传统观念。尽管东巴在丧仪上都要铺开"神路图"，据图诵经，举行超度死者灵魂转生于人间或神地的详细仪式，但同时进行的另一项更为重要的仪式是咏诵描述传统送魂路线的东巴经，把死者灵魂送往祖先之地，而且确切地指示亡灵必经的具体路站名。在纳西人心目中，回归祖先之地是根深蒂固的观念，即使东巴按照"神路图"画卷和经书把亡灵送往"六界"中的最高境界"神地"，人们还是认为死者实际上是沿着东巴所指引的送魂路线回归祖地去了。左右人们心理的仍然是传统的"回归祖地"观，"神路图"所展示的生命转生"六界"论并未能进入纳西族人的心理深层，即使东巴死后，也要叫他的灵魂沿着祖先迁徙之路回归祖地。虽然照东巴教的教义，祭司东巴是要超度到十八层天或三十三个神地，但送往祖先之地比超度其灵魂到这些天堂圣境去更为重要。笔者曾就东巴教中所反映的这种二重生命归宿观念请教过一些东巴，这些不同地方的东巴都一致强调回归祖先之地是最为重要的，必须的，而且都说明祖先之地不是在天堂，而是在祖先们确实生活过的地方。至于转生与六道轮回等观念，东巴们的解释都是比较含糊，不得要领。熟谙东巴经书和风土民情的八旬老东巴和士诚说："'神路图'上的那些事只是说说而已，人死后真正要回归的是祖先之地，要沿着祖先迁徙下来时的路一站站地回去，这是绝不能含糊的。"①

更有意思的是，东巴教虽然接受了佛教三十三个神地的观念，但对它的具体描述则又与经书中描写的"祖先之地"相同，散发着沉郁的大自然气息和山地民族的生活情调。在超度正常死亡者仪式上咏诵的东巴经《剌母孟土》中说：

祖呀，要到神的三十三个地方去，
阿高牦牛白尾巴，
上面有美丽的牦牛；
野兽岩羊尾巴白，
上界有美丽的野兽。
上界有美泉好庄稼，
脚健（的祖）要去观看好庄稼。
在上界，砍肉墩子上不缺肉，
捞肉盆子里不缺肉。
那里是给红肉而养老人的地方，
那里有常年青绿，
常喂青草养老马的地方；
那里有可以穿巧者织的衣裳，
手头牵骏马的地方；
那里有撒一季庄稼而一辈子吃不完的地方；
那里有缝一件衣裳而一辈子穿不完的地方；
那里有除了大犏牛、大牦牛的乳汁外，手头就不需要沾水的地方；

---

① 参看杨福泉：《原始生命神与生命观》，云南人民出版社1995年版。

那里有不是白披毡的绳就不知道肩头有绳的地方；
有夜里母马下小驹，
早晨即可骑着上路的地方；
有夜里母狗下狗崽，
早晨小狗即可去撵山的地方；
有夜里母猪下猪崽，
早晨即可吃肥肉、瘦肉坨的地方。
有用犁头翻好米，
用槽引水酒，用耙砍红肉的地方。
祖呀，要到神的三十三个好地方去。①

　　这里所描写的完全是纳西族山地生活的农牧耕樵，而不是如须弥山的三十三个神界那样满布殿宇楼台的地方。虽然"神路图"上绘着很多表示神地的楼台殿宇，但在东巴经所描述的祖地和神地中却见不到这些宫廷气息，可见纳西族虽然接受了三十三个神界的外来宗教观念，但他们根据本民族回归祖地的传统观念，以祖地的情景改造了其中的内容。

　　外来宗教的渗透和影响使纳西族有了天国、天堂、死后升天等观念，但实际上他们在死后还是不想离开自己赖以繁衍生息的大地怀抱，只想回到祖先生活过的美丽的高山、草场、林莽中去。这种代代相传的生命理想的根本基础是纳西族传统的回归自然的生命观。

　　在民间流传的古老挽歌中，也反映了这种回归自然的生命观，歌词多以自然界和动物比兴，把人生命终结的归去理解为如动物的回归自然。如著名歌手和锡典唱的一首挽歌里这样说：

---

① 《纳西东巴古籍译注》（二），云南民族出版社1987年版。

白云层层的天空呀，白鹤要飞到云层里去了。
　　白云是白鹤的家呀，白鹤要在云层里飞翔，
　　白鹤不再回来了！年轻的小鹤和小鹰呀，
　　来送白鹤到云里去吧！
　　白茫茫的海子呀，野鸭要到大海里去了，
　　大海是野鸭的家呀，野鸭要在大海里飞翔，
　　野鸭不再回来了！年轻的小鸭和小鸥呀，
　　来送野鸭到大海里去吧！
　　密密麻麻的深山呀，老虎要归回山里去了，
　　深山是老虎的家呀，老虎要在山林里奔跑，
　　老虎不再回来了！年轻的小虎和小豹呀，
　　来送老虎到深山里去吧！
　　白皑皑的雪山呀，白鹿要回雪山里去了，
　　雪山是白鹿的家呀，白鹿要在雪山里跳跃，
　　白鹿不再回来了！年轻的小鹿和小麂呀，
　　来送白鹿到雪山里去吧！[①]

挽歌中把死者的离去视如白鹤、野鸭、红虎、白鹿归身大自然的怀抱。纳西族许多著名的传统爱情大调多以自然物比喻人，如《蜂花相会》《鱼水相会》。纳西人生命的基调是人与自然的一体化，因此，人的生死悲欢也无不与自然相关。

基于这种生命回归大自然的传统观念，纳西族殉情青年所向往的生命归宿地"雾路游翠郭"也是一个大自然的乐园，它与不少宗教所宣扬的"天堂"和"天国"有很大的不同，它是一个纯粹的大自然乐园。东巴经作品和民间文学作品中都无一例外地表明它是在高山中，

---

① 牛相奎整理，载《红岩》1957年4月号。

可见纳西族人的理想世界仍然是在自己赖以生存的大自然怀抱中。从这一乐园的具体描述中，可以看出浓郁的大自然牧歌情调和纳西人的生活审美理想。

相传玉龙山上有三个称为"郭"的高山之地，后人意译为玉龙第一、第二、第三国。在民间殉情调中说，第一国里有苍蝇蚊子；第二国里没有青草树林和山泉；第三国则是草深林密，群兽毕集，有飞瀑流泉和住着爱神的自然乐土：

> 那里有斑虎会耕田呵，
> 那里的马鹿可驮骑呵，
> 那里的山驴会做工呵，
> 那里的凤可以使唤呵，
> 那里的云可做衣裳呵，
> 那里没有蚊子苍蝇呵，
> 那里没有恶语毒话呵！[①]

这里所咏唱的，不是铺金嵌玉、飞彩流丹的亭台楼阁，锦衣美食的"天国"，而是人与自然和谐相携、陶然共醉的境界。

下面再引一段殉情悲剧长诗《鲁般鲁饶》中爱神游祖阿主呼唤痛苦的女主人公开美久命金来投奔她的乐土的话，来看这个理想国的内涵：

> 开美久命金！
> 你痛苦的眼睛，
> 来这里看一看草场上的鲜花！

---

① 赵银棠译：《鲁般鲁饶》，载《边疆文艺》，1957年第10期。

你疲倦的双脚，
来这里踩一踩如茵的青草！
你痛苦的双手，
来这里挤牦牛的奶汁！
你来吧，到这云彩缭绕的雪峰中来！
来这里吃树上的野蜂蜜，
来这里饮高山的清泉水。
来这里把美丽的野花插满你的头。
用红虎当你的坐骑，
用白鹿耕耘山中的地。
来吧，你来这里挤宽耳朵母鹿的奶，
你来这里织飘飘的白风和白云。

没有更多的奢望，只求与清风白云、绿树红花相伴，啜饮高山清流，脚踏如茵芳草，与飞禽走兽为友，以白云彩霞为衣。来到这里，一切人间的恶浊皆可摆脱，一切俗世的痛苦皆可忘却。这反映了一个朴素而超然的人生理想和人与自然融为一体的美丽境界。

民间流传的殉情调《游悲》对于"玉龙第三国"的描写，也承袭了东巴古典作品中所描述的这一理想国的内涵，但描述更为详细：

雾路游翠郭，雪石像绿玉，雪岩像水晶。
金水右边流，银水左边绕。
土地不用耕，年年松软软；
庄稼不用种，岁岁绿莹莹。
花开永不谢，绿叶常青翠。
蜂叫似口弦，鸟鸣如弹琴。
青草当床铺，白云做被盖。
晨雾是纱帐，日月做明灯。

> 彩霞织衣裳，白云做腰带。
> 这里没蚊子，这里没苍蝇，
> 没有苦和痛，没有泪和愁。
> 獐子当家狗，斑虎当牛耕；
> 玉鹿当马骑，野鸡当晨鸡。
> 青春不消逝，快乐永相随。

纳西族是山地民族，林莽山峦、深谷峻岭、高原牧场始终是纳西族历史上的活动居住区域，大山孕育了纳西族和他们的文化，因此，他们对山的崇拜很突出。东巴教的众多神祇都住在居那什罗神山上。纳西族全民信仰的民间最大保护神（亦即民族神）被视为玉龙雪山的山神，相传他的几个兄弟也都是山神。在东巴教中有很多有名姓的山神，祭村寨神亦即祭山神，因村寨多依山而建。东巴教中有祭村寨神仪式"子瓦本"，"子"原意为山之神灵，雄性；"瓦"原意为谷之神灵，雌性。

各地纳西族民间祭山神的宗教仪式和民俗活动也很多。休养生息于山地区域，与山休戚与共的民族历史和地理环境使纳西族形成了突出的山崇拜意识，并在幻化他们的死后世界时也自然地与山联系在一起，他们的灵魂皈依之处亦是在孕育哺养了他们的大山怀抱中。

"雾路游翠郭"这一殉情者的高山理想乐土与纳西族传统的"祖先回归之地"有着非常密切的关系。把死者灵魂送到祖先之地是纳西族的传统民俗。"祖先之地"是纳西族人信仰的死后生命世界。各地纳西族都有十分详细的送魂路线，灵魂返祖之地必经的每一个地名都在口传和写于东巴经的送魂路线中标出，它与民间传说和东巴经记载祖先迁徙下来时的路站大体一致。

死者要返回的"祖先之地"是什么样的地方？祖先们在过着怎样的生活呢？纳西族完全把祖先之地视为平和安详，具有牧歌情调的山乡。在丧葬仪式上咏诵的东巴经《次迎菇树猎》（为死者系五色线）

中说：

> 在梅氏族祖先居住的地方，老虎在山上跳跃；在束氏族居住的地方，青草铺满大地，白鹿在山上游逛；在尤氏族祖先居住的地方，牦牛在山上嬉戏，日月星辰闪耀着灿烂的光芒。[①]

东巴经中所描述的祖先之地总是绿草如茵，鲜花满地，流泉淙淙，牦牛在高山青草地上徜徉，红虎在山岭上欢跳，白鹤在这里下蛋，人们住在白毡帐篷里。这完全是一幅纳西先民狩猎游牧生活的真实图景，与东巴经中所描述的纳西远祖的生活情景十分吻合。这个人死后灵魂要回归的祖先之地洋溢着浓郁的高原生活情调，神性淡而生活气息浓。"雾路游翠郭"基本上承袭了这种传统灵界的格调。

说到这里，我们就可以解释为什么相传在雪山林莽中的"爱之乐园"和"雾路游翠郭"，在纳西族的人死后灵魂归宿观念因具体社会历史环境不断变更和交融的情况下，仍能一如既往地保持其本来的面目。我们在上文中已经论述过，这个幻境的基础是与祖地观念同源的，我们可以看出二者共同讴歌山地生活的牧歌情调，二者又都是植根于高山中。只是在正常死亡和非正常死亡这种截然不同的灵魂观念支配下，二者分化为不同的高山理想国，一个是寿终正寝者的圣域，一个是为爱情而亡的青春生命的净土。我们还可以明显地看出，"雾路游翠郭"比"祖先之地"更富有大自然陶然共醉、和谐相携的境界。祖地歌颂的是人间烟火味浓郁的耕樵牧猎生活，"雾路游翠郭"讴歌的是与天地日月、山川草木和野生动物融为一体的自然生命一体化意识：日月星辰为灯，彩霞白云为衣，青青的草地当床铺，朦胧的晨雾为纱帐，红虎为坐骑，獐子当家狗，白鹿当牛耕，野鸡当晨鸡，

[①] 《纳西东巴古籍译注》（二），云南民族出版社1987年版。

食树上蜂蜜,饮高山清流,与风和白云漫游于深山,与飞禽走兽嬉戏于林莽……生命回归到这样的境界是美丽的,特别是当人生最富于激情和幻想的爱情处于苦难的深渊时,这种自然的幻化净土便有极大的诱惑力,即使要以死来做代价,青年男女也在所不惜地要去寻找它。于是在漫漫的岁月中,难以数计的苦难的纳西族青年男女浓装盛服,长歌曼舞,含笑赴死,去投奔这一美丽的大自然乐土。

纳西族这种回归自然的生命观的形成是与他们历史上生产生活的环境和传统宗教信仰的整体结构息息相关的。纳西族是山地民族,千

海拔5596米的玉龙雪山是纳西族的圣山,也是纳西族的情殇之山。相传它是纳西族全民信仰的民族神"三多"的化身,也是爱神和殉情精灵们所居住的高山理想国——"玉龙第三国"的所在地。相传在这大自然的乐园里,千禽百兽与人同乐,青春的生命永不消逝,情侣们永无人世的悲伤。在它的万年古雪、森森古树下面埋葬着无数悲情凄迷的殉情故事(摄于1993年)

百年来繁衍生息于以山为主体的自然环境中，对大自然有着深沉的感情。这种生活环境决定了大自然崇拜成为纳西族原始宗教体系中的一个重要内容。他们把各种与自己的生存息息相关的自然物和自然力人格化，在万物有灵的原始思维支配下对自然物和自然力赋予神性和灵性，对他们顶礼膜拜。纳西族崇拜天神、地神、星神、风神、山神、水神、火神、雷电神等，并有祭祀这些神灵的各种仪式。纳西族传统文化中洋溢着一种礼赞、歌颂大自然的情调，它浓烈地反映在东巴古典文学、东巴绘画、舞蹈音乐以及民间文学作品中。这种讴歌自然的情调是从纳西族突出的大自然崇拜意识中升华出来的。

自然事象的实用功利性和变幻莫测的神秘性促成了纳西先民对大自然的崇拜之情，反映在纳西族传统文化中就形成了讴歌大自然的旋律和格调。日月星辰、山川草木、江河湖海、飞禽走兽都是人们歌颂的对象，而在人们对自然物和自然力的歌颂赞美中，最初蕴涵有比较浓的功利色彩，被赞美的自然事象中积淀着纳西先民远古时原始信仰和原始思维的意识观念。

大自然是人们赖以生存的世界，它那许许多多神奇奥妙的自然事象深深地激荡着纳西先民的心灵情感。基于幼稚混沌的原始思维，很多自然事象对他们来说是灵异神秘的，有一种不可捉摸的神奇力量。人们从寓有特定观念、意识的大自然事象中观照自己的生活，礼赞大自然，企盼自然的灵异神能渗透和降临到自己和生活中。众多赞美自然的作品中蕴涵着纳西先民功利主义的炽烈愿望和情感，这是同脱胎于自然崇拜的审美意识与生俱来的特点。东巴古典文学作品中反复礼赞高天的繁星、大地的绿草，并把青草遍地、绿叶茂盛、繁星满天视为吉祥美满的象征，用作祝吉祈福的颂词。繁星闪烁的银河被视为生命之河、繁衍之河。在这种赞美中洋溢着人们希望种族子孙的繁衍和生活繁荣昌盛如满天的繁星，遍地的绿草这种生命的热望。因此，在他们对自然的赞颂中才反复咏唱："这天是日月星辰光华灿烂的天，没有天就没有高深的空间，没有天就没有宽广的幅员。这地是乳房丰满而充实，善于生育哺乳的地，没有地就没有广袤的幅员。"① 并把人的征战取胜、能干敏捷、延年益寿、子孙繁衍、生活富足都归于天地所赐。

在众多纳西族古典文艺作品中，大自然与人融为一体，宇宙生命一体化的原始审美特点很突出，它们给人一个强烈的印象：大自然就如一个大家庭，人与各种生物相帮互学，其乐融融，兽言鸟语，与人悲欢共存。高天大地、日月星辰、山川草木都显得那么神秘而美丽，人与自然显得多么和谐。蝴蝶、蚂蚁教人劳作，白鹤为天神之女与纳西祖先的恋情穿针引线；白蝙蝠从天上女神处为人类求得占卜圣书，并从天神处探知了人类学说话的机密，使人学会了说话；人从老虎那里学到勇猛强悍的品格，东巴经中明确说武士之勇即来源于虎；虎与牦牛永远卫护着人类的安宁；乌鸦为人传送爱情的音信；马把人死后的灵魂驮到祖先之地；白鹇曾为东巴教祖师东巴什罗的老师；绶带鸟把东巴什罗从鬼海中救出；金黄大蛙化生了对纳西族传统文化有重大影响的阴阳五行观；各种飞禽走兽与人协力修筑了顶天镇地的居那什罗神山……呈现出一派人兽浑同、人与自然交融一体的氛围情致。纳西族古典乐舞中有各种动物舞，如金色大蛙舞、花斑白鹿舞、赤虎舞、长角牦牛舞、骏马舞、白羊舞、白额牺牛舞、绶带鸟舞、玉绿青龙舞、玉绿飞蛇舞、神鸟"修曲"舞、白鹰舞、白鹤舞、金色孔雀舞、螺白狮子舞、金黄大象舞、豹舞、刺猬舞、猴舞等。被誉为国宝的东巴象形文舞谱中讲到人类的舞蹈起源于人学青蛙跳步，"人类是受金色大蛙跳跃的启示而创造出舞蹈的"，明确提出了艺术模拟自然的美学文艺观。东巴舞中有很多模仿动物情态的动物舞，说明了这种舞蹈起源于模仿动物的文艺观是有广泛基础的。

在上述这种原始信仰观念的神秘氛围和纳西族古典艺术对大自然万物的神圣礼赞中，我们能强烈地感受到这种自然生命一体化、自然

---

① 戈阿干主编：《祭天古歌》，中国民间文艺出版社1988年版。

与人谐趣横生的美感,感悟到一种苍茫古老的与自然同体合一的人格理想。"雾路游翠郭"中所描写的人与天地山川、日月星辰、花草树木、飞禽走兽和谐相携,其乐融融的情景并非偶然,它正是上述这种人与自然同体合一的生命精神和人格理想的突出表现,纳西族回归自然的生命观,即有着这样广阔的文化背景。